소금호수에 서다

현 대 수 필 가 1 0 0 인 선 II · 76

소금호수에 서다

이동이 수필선

수필과비평사 · 좋은수필사

■ 책머리에

수필은 누구나 부담 없이 읽고, 마음만 먹으면 직접 쓸 수도 있는 가장 친근한 문학이다. 다른 영역의 문학이 영상매체에 밀려 신음하고 있는 중에도 수필 인구만은 날로 증가하여 바야흐로 수필 전성시대를 구가하고 있는 이유도 거기에 있을 것이다.

시대적 추세에 힘입어 수많은 수필전문지, 수필동인지가 창간되고, 이에 비례하여 신진 수필가도 날로 늘어나다 보니 이제는 그 많은 작가, 그 많은 작품 중에서 문학성 높은 작품을 가려 읽는 일이 쉽지 않게 되었다. 이런 현상은 작가에게나 독자에게나 결코 바람직한 일이 아니다. 더 나아가서는 수필을 연구하는 후세들에게도 큰 부담이 될 것이다.

이런 문제를 해결하는 데는 출판인도 마땅히 한몫을 감당해야 한다는 평소의 소신에 따라, 본사가 기꺼이 그 역할을 맡기로 했다. 그 첫 번째 사업으로 시대를 대표할 만한 수필가 100인을 선정하고, 작가가 자선한 40편 내외의 작품을 수록한 문고본을 발간하여 이를 널리 보급함으로써 그 소임을 다하고자 한다.

본사는 사명감을 가지고 이 사업을 추진해 나가기로 했다. 작가 선정을 전담할 편집위원회를 구성하고 전권을 위임하여 일체의 사적인 정실이나 청탁을 배제함으로써 전문성과 공정성을 확보해 나갈 것이다.

따라서 이 기획물 속에는 작가의 문학정신뿐만 아니라, 본사의 문학사적 기여 의지와 편집위원 제위의 수필문학에 대한 애정과 문인으로서의 양심이 함께 담겨 있음을 자부한다. 다만, 작가를 선정하는 기준에는 많은 견해의 차이가 있을 수 있고, 선정 과정에서도 미처 챙기지 못한 부분이 있을 것이라는 사실만은 인정하지 않을 수 없다. 이 점에 대해서는 관계자 여러분의 양해 있으시기 바란다.

이 시리즈의 발간 순서는 작가, 또는 본사의 사정에 의한 것일 뿐 그 밖의 어떤 기준도 적용하지 않았음을 밝힌다.

본 기획물이 시대를 초월한 많은 수필 애호가들의 관심과 애정 속에 우리나라 수필문학 발전에 한 이정표가 되기를 바랄 뿐이다.

본사에서는 이상과 같은 취지로 ≪현대수필가 100인선≫ 전 100권을 완간하여 큰 반향을 불러일으킨 바 있다.

그러나 우리 수필문단의 규모나 수필문학의 수준에 비추어 선정 작가를 100인으로 한정하는 것은 형평성이나 효율성 면에서 크게 부족하다는 의견이 많았고, 본사 또한 이를 통감하던 터라 기꺼이 ≪현대수필가 100인선Ⅱ≫를 발간하기로 했다.

본사의 충정에 찬동하여 출판에 응해주신 저자 여러분에게 진심으로 감사한다.

2014년 9월 일

수필과비평사 · 좋은수필사 발행인 서 정 환

현대수필가 100인선 간행 편집위원 박 재 식 최 병 호

정 진 권 강 호 형

오 세 윤

| 차례 | 현대수필가100인선Ⅱ · 76

1_부

2_부

3_부

4_부

1부

품은 달을 녹이다

침이 고인다. 탱글탱글 초록을 머금은 매실을 보니 입안이 흥건하다. 콧등을 간질이는 상큼한 향에 촉수가 곤두선다. 옹골찬 모양새와 매끈한 몸피만 보면 마치 연잎에 구르는 이슬을 닮았다. 손아귀에 힘을 주면 초록물이 뚝뚝 떨어질 듯하다.

본시 순한 품성을 가진 것 같지만 한 입 깨물면 새콤한 맛으로 오만상을 찌푸리게 만드는 당돌함도 갖고 있다. 보는 것만으로는 성이 차지 않아 한 움큼 또르르 굴리니 자기들끼리 눈 맞추며 수런수런 굴러간다. 때맞춰 창가에 서성이던 햇살마저 성큼 들어와 구르기를 함께한다. 초록구슬의 향연이다.

생각해보면 매화가 처음 꽃눈을 틔었을 때도 이처럼 온

마음이 붙들렸다. 여린 꽃잎이 사랑스러워 손끝 한번 댈 수 없었고, 고매한 자태에서 풍기던 향취는 또 얼마나 그윽하던지 숨고르기도 아까울 지경이었다. 그러다 파리한 꽃잎이 떨어질 때면 잔향이 아쉬워 몸서리를 쳤다. 내게 있는 물기를 오롯이 전해주고 싶을 만큼 매화를 찬양했다.

매실 한 알에서 우주를 본다. 시리도록 푸른 하늘을 품고, 세찬 비바람도 품었다. 꽃들의 속삭임도, 교교히 흐르는 달빛도 품었다. 매화의 거룩한 소멸이 있었기에 고귀한 결실로 나타난 것이리라. 간혹 가뭇없이 속살을 파고드는 미물의 침범에는 가만가만 살점을 내어 놓았으리라. 자연의 조화에 순응하고 풀벌레들의 하모니까지 배려하였으리라.

이번에도 새로운 날의 첫 만남처럼 설렌다. 소쿠리에 가득 찬 매실의 초롱초롱 넘치는 생기에 여태 메말랐던 감정도 말랑말랑 해졌다. 묵혀둬야 약효의 효험이 강하다고 하니 매년 담아서 숙성한 것을 먼저 음용한다. 앓던 배를 쓸어주던 어머니의 따뜻한 손길이 그리울 때마다 매실 액을 마신다. 한 여름에 얼음 동동 띄워 시원하게 들이키면 폭염도 주춤하지 싶다.

매실의 중심을 칼등으로 톡톡 두드리니 두 쪽으로 갈라져 반달 모양이 된다. 매화가 밤마다 품었던 달이다. 매실 한 알 한 알이 달을 떨군다. 항아리에 매실과 설탕을 알맞은 비율로 담았다. 기억에 저장되어 있던 꽃눈 틔우던 감격도, 아스라이 사라지던 잔향도 불러들여 고루고루 섞었다. 차츰 숙성의 과정을 거치면서 매실은 제 안에 품었던 것들을 알맞은 맛으로 녹여 내리라.

나이를 먹는 일도 늙어가는 것이 아니라 매실처럼 숙성되어 가는 것이 아닐까. 그러면 원망도 미움도 곰삭아 타인에 대한 관용과 이해만 남겨질 것 같다.

매화 향 그윽한 진액을 담아 낼 때면 눈빛 고운 벗님과 마주하고 있으리라.

꽃 진 자리

울창하게 뻗은 후박나무와 동백나무의 짙은 녹음이 싱그럽다. 숲길로 들어설 때마다 동박새가 지저귀니 저절로 흥이 난다. 화살표 대신 동박새의 부리가 길을 안내하자 바람도 덩달아 길을 열어준다. 어깨를 나란히 하여 걷는 오솔길이라 그런지 문우들과의 정이 봄빛에 더욱 무르익는다.

'지심도'란 지명을 처음 들었을 때 왠지 마음이 끌렸다. 우선 지명에서부터 서정이 물씬 풍겼다. 게다가 마음을 다 비워놓고도 충만할 것 같은 느낌이 들어서였다. 두세 시간이면 섬 전체를 알 수 있을 만큼 아담한 섬. 동백섬으로도 널리 알려졌으니 풍광 또한 얼마나 아름다울지 상상이 갔다.

곧 붉디붉은 수백만 송이의 동백꽃을 만나게 된다. 고혹적인 자태는 어떤 정염을 뿜어내고 있을지 자못 설레며 숲

길을 한참 걸었다. 하지만 햇살에 간헐적으로 드러나는 몇 송이 외엔 별로 보이지 않는다.

지심도의 동백은 2~3월이 절정이라 했지만, 지난겨울은 유난히 추워서 올해 4월에는 볼 수 있다고 했다. 계절의 섭리를 거역할 수는 없었던 것일까. 듬성듬성 얼굴 내민 몇 송이 외엔 윤기 나는 잎만이 햇살을 튕겨내고 있다.

차츰 흥이 식고 불만이 일어난다. 수령이 오래된 나무들은 키가 엄청나게 커 겨우 매달린 것조차도 보기 힘들고, 경사진 곳에 엎드리듯 뻗은 동백나무는 당장이라도 쓰러질 듯 불안하다. 게다가 꽃잎으로 하트모양을 장식해놓은 곳이 있어 눈이라도 호사할라치면 상술의 장치인지라 주인의 눈치가 보인다. 또 타박타박 걷는 흙길이면 숲의 운치가 더하련만 그렇지도 않다. 적당한 곳에 쓰레기통 하나 없으니 청결한 환경을 생각하기에 앞서 불편함이 이만저만이 아니다. 차츰 서운함이 차올라 볼멘소리를 내지르려던 그때였다.

머리 위에서 동백꽃 한 송이 툭 떨어졌다. 가풀막에서 또르르 구르다 한곳으로 쏠렸다. 아, 그곳은 선혈이 낭자했다. 각혈의 현장이다. 숲에 가려 미처 보지 못한 곳에 낙화가 무리 지어있다. 갑자기 동공이 확장되었다. 시선에 꽉 들어찬 붉은 꽃잎들. 숨이 멎을 만큼 환상적인 광경에 목울대가 저렸다.

동백꽃 하나 들어 잎맥을 본다. 그들의 은유는 알 수 없지만 수런거리는 소리가 들리는 듯하다. 살며시 부드러운 몸피를 만지자 온기를 통해 다시금 생기가 돈다. 붉은빛이 손끝으로 스며든다. 심장으로 전이된다. 뇌에서 도파민의 생성에 얼굴이 달뜬다. 심장이 뛴다. 꽃 진 자리가 이렇게 황홀경인 줄 미처 몰랐다.

그동안 바람과 구름과 햇살의 기운을 받아 용케도 버텨왔나 보다. 붉은빛 저 스스로 거둬들이지 않고 늦게라도 찾아온 내 눈과 마주치고자 함이 대견스럽다. 그러고 보면 가풀막에서 엎어지듯 자라나던 동백나무도 나름의 엄정한 질서와 자기를 지킬 줄 아는 지혜가 있었겠다. 주변 환경은 개발을 자제케 하여 자연과 인간이 공존하는 길을 만든 것이 아니었을까. 꽃 진 자리에서의 감동이 잠시 서운했던 감정들을 말끔히 거두어 갔다.

나는 지심도에 와서 붉은빛 감도는 선명한 동백꽃만 보려 했다. 아름다운 풍광만 동경했다. 마음에 담기보다는 눈에 먼저 담으려 했다. 보이지 않는 것이 보이는 것을 거두어 키운다는 것을 미처 깨닫지 못했다.

비로소 마음의 위안을 얻는다. 출렁~. 숲에 가득 찬 동백향이 큰 파도처럼 숲속을 한바탕 뒤집고 지나간다.

꽃 진 자리에 붉은 생명이 꿈틀댄다.

사과 두 개

과일가게 앞에 섰다. 붉은 과즙을 잔뜩 머금은 수박과 미끈한 바나나. 향긋한 복숭아랑 알알이 탱탱한 포도, 자두, 체리, 레몬 등 제각각의 품새와 풍미로 시선을 끈다. 본래의 제 색 제 모양으로도 미각을 자극하건만 고운 색지로 치장까지 했으니 금상첨화이다. 하지만 아무리 구색을 갖추었어도 선택은 이미 정해져 있다.

과일 중에 유독 돋보이는 빨간 색, 비록 작지만 홀로 있어도 과일의 으뜸인 존재, 한 입 베어 먹으면 아삭한 식감과 동시에 입 안 가득 채워지는 충만감. 새콤달콤한 맛과 향으로 희열을 안겨주는 그것은 사과이다.

가끔 다른 과일을 고르다가도 사과만큼은 꼭 챙긴다. 아침 공복에 사과를 먹는 것이 습관이 되었다. 아니 집착이다. 사과를 먹으며 오래 전 허망했던 가슴을 달래고 채우려 하지만 충족되지 않는 것은 무의식의 허기 때문인가 싶다.

흔히 회자하는 세 개의 사과는 아담과 이브의 사과, 만류인력의 사과, 스티브 잡스의 사과이다. 가끔 그런 주요 소재로 이야기를 나눌 때면 나는 은근히 아궁이의 사과라는 명목으로 그 대열에 끼워 넣는다. 사과가 그들과 밀접한 관계가 있는 것처럼 내게도 잊히지 않는 사건이 있기 때문이다.

오래전 먼동이 틀 무렵이면 새들이 먼저 일어나 공기를 쪼아댔다. 그 소리는 언제 들어도 싱그러웠다. 그날도 아침밥을 짓기 위해 부엌으로 나가려던 찰나, 바깥마당 쪽에서 시어머니의 불호령이 들렸다. 무슨 일인지는 몰라도 가슴이 철렁 내려앉았다. 시집살이는 항시 긴장의 연속이었고 여차하면 실수할까 봐 마음 졸이던 터였다. 아니나 다를까. 높이 들고 있는 부지깽이에 길게 늘어져 있는 사과 껍질, 그것을 보는 순간 소스라치듯 놀랐다. 그건 지난밤 아궁이 깊숙한 곳에 몰래 던져 넣은 것이었다. 당혹스러웠다. 뭐라고 할 말을 잃은 낭패감에 얼굴이 화끈거렸다.

불현듯 어젯밤 일이 생각났다. 평소 같으면 남편이 퇴근 후 부모님이 계시는 큰방부터 들리는데 웬일인지 작은 방부터 들렀다. 뜬금없이 가슴에 품은 것을 재빠르게 주고는 큰방으로 건너갔다. 무심코 받아 든 것은 큼지막한 사과 두 개였다. 순간 코끝이 아릿했다. 지독히도 갈망했던 것이었다. 퇴근 후 집에까지 오려면 한참을 걸어와야 하는데 혹여 품에서 빠질세라, 식구들 눈에 띨세라 노심초사했을 생각하니 고마운 마음에 앞서 서글퍼졌다.

야심한 시각에 숨을 죽이며 큼지막한 사과 한 개를 달게 먹었다. 바로 옆방에 부모님의 곤히 주무시는 소리가 나는 터라 부스럭 소리가 날까 조바심이 났다. 문제는 껍질을 어떻게 처리할지 고민이었다. 사과 껍질을 알뜰히 도려내다 보니 용케도 줄줄이 이어졌다. 잿간에 두면 쉽게 눈에 띨 테고, 흔적도 없이 치우려면 아궁이가 적격이었다. 아침밥을 지을 때 불을 때면 감쪽같이 모를 일이었다.

하지만 모든 일에 전혀 예상치 못한 사태도 일어날 수 있다는 사실을 간과했다. 어머님께서 여느 때와는 달리 새벽녘에 거름을 퍼내다 문제의 사과껍질을 들춰낸 것이다. 남편이 당장 큰방으로 불려갔다. 아마도 호되게 꾸지람을 들었을 것이다. 장손의 역할과 형제의 우애와 삶의 책임을 어깨에 잔뜩 짊어지게 했을 터이다.

그러고 보면 식구란, 말 그대로 밥 들어가는 입이다. 제 입 말고 또 다른 입에 들어갈 양식을 나는 구차하게 혼자 먹었다. 재물의 울타리 속에 갇히면 마음에 족쇄를 채운 꼴이 된다더니 사과 두 개로 도덕성과 식탐을 적나라하게 드러냈다. 부끄러웠다. 나는 처연한 심정이 되어 말없이 흐느꼈다. 지붕 위로 귀신고래 같은 먹구름 떼가 흘러갔다.

어릴 적에 내 이름이 적힌 장독이 있었다. 유달리 사과를 좋아하는 나를 위해 어머니는 그 독에 항상 사과를 채워놓았다. 손만 밀어 넣으면 원하는 대로 먹을 수 있었다. 다른 과일과는 달리 사계절 내내 풍족하니 여간 다행한 일이 아니었다. 그렇게 먹는데 구애받지 않은 생활을 해 왔는데 시집에서는 대소사 외에는 과일 보는 일이 흔치 않았다.

어쩌다가 오일장에서 사 온 한 소쿠리의 국광사과는 가뭄에 단비를 만나듯 반가웠다. 밥상을 물리고 아홉 식구가 모인 자리에 나온 사과는 고작 세 개다. 혼자 다 먹어도 시원치 않으련만 한쪽씩 먹으면서도 만족해하는 식구들이 의아했다. 워낙 알뜰하게 살림을 꾸려온 어머님의 심정을 알기에 그러했겠지만 나는 도통 이해할 수 없었다.

나의 졸작 수필 〈은빛 향수〉에서의 갈치처럼 사과는 욕망을 충족시켜주기에는 아득한 거리에 있는 존재였다. 그런 내 마음을 알아차린 남편이 예고도 없이 내민 사과 두 개가 과거 속에 알알이 박혀 집착으로 남겨진 것이다.

찬장 구석에 숨겨 둔 한 개는 도저히 먹을 수 없었다. 또다시 그런 상황이 되풀이 될까 봐 두려웠다. 먹지도 버리지도 못한 채 방치된 그것은 내 마음같이 새까맣게 썩어갔다.

천금을 가지고도 허기를 느끼는 사람이 있다더니 이제 그런 속박에서 해방되어도 사과에 대한 허기는 여전하다.

어쭙잖은 사과 두 개로 인한 기억이 너무나 선명하기 때문이다.

사과를 잔뜩 안고 과일가게를 나선다. 아궁이 속의 사과 껍질도 나를 따른다.

둔치도 여백

가끔 어디로 튕길지 모르는 럭비공처럼 공간과 시간의 흐름에 구애받고 싶지 않을 때가 있다. 그때 마침 번개팅 하자는 문자메세지가 온다면 망설임 없이 합류하고 싶어진다.

오후 4시경, 서둘러 번개팅 장소에 도착했다. 공식모임이 아닌데도 의외로 많은 회원이 모였다. 모두들 마음 밑자리에 내재되어 있던 일탈의 욕구가 불쑥 고개를 내민 것일게다. 4월의 기후변화를 염려하여 만반의 준비를 한 옷차림도 보인다. 차바퀴 따라 또르르 쏠려가는 벚꽃 잎이 우리 마음보다 앞서 달려간다.

낙동강 하류벨트인 둔치도는 100만평 문화공원조성부지이다. 인근에 있는 명지도, 대저도와 함께 오랜 세월에 걸

쳐서 형성된 낙동강 하류 삼각주 중의 한 곳이다. 자연 환경을 보존하기 위해 주민들의 작은 정성으로 이루어졌으며 자연환경 국민신탁 보전재산이다. 이곳에 먼저 다녀온 회원은 강변의 절경에 찬탄을 아끼지 않은 터였다. 석양의 찬란함은 물론이며 낙조에 그려지는 갈대밭은 여느 곳과는 다르다고 했다. 굳이 그녀가 설명하지 않더라도 각자 생각의 깊이 따라 감동의 폭은 다를 것이다.

천천히 강물 따라 이어지는 조붓한 둑길을 걷는다. 흙길에서 느껴지는 힘이 차분한 심정을 달뜨게 한다. 제멋대로 돋아난 물푸레와 야생화들도 더없이 정겹고 아늑하다. 그리 화창한 날씨가 아니어서 석양을 보고자 하는 우리의 기대가 무너지지 않을까 우려했는데 아니나 다를까 나뭇가지 끝에 먹구름이 드문드문 걸린다. 게다가 세찬 바람까지 달려든다. 내가 걷는 건지 바람이 나를 밀고 가는 건지 도무지 분간하기가 어렵다. 머플러로 목과 입을 친친 감으며 바람결에 헝클어진 머리카락을 쓸어 올리자 불현 듯 오래전 그날이 떠오른다.

새참을 내러 논두렁길을 걷다가 갑자기 불어 닥치는 바람에 몸을 가눌 수 없었다. 앞도 제대로 보지 못하면서 바쁘게 가야 하기에 억지걸음을 하다가 결국에는 논바닥으로 곤두박질 쳤다. 겨우 일어서긴 했지만 비틀거리기는 마찬가지였다. 결국 아득바득 바삐 가려고 안간힘을 쓰기보다 잠시 바람이 쉬어 갈 때까지 기다리기로 하고 잔뜩 몸을 움츠렸다.

바람은 이때다 싶었는지 좁은 품속을 헤집기도 하고 밋밋한 등을 밀치기도 했다. 어찌나 요동을 치던지 앉아있기도 힘들 지경이었다. 바람의 횡포는 그리 오래가지 않아 사라졌다. 그런데 참 이상한 일이었다. 한차례 곤혹을 치른 후의 적요감이랄까. 참으로 평온한 기운이 감도는 것이다.

그날처럼 이 또한 잠시 기다리면 스쳐갈 뿐이라고 여기니 바람이 살갑다. 그런데 강 자락을 밟고 선 마른 갈대는 그다지 흔들리지 않는다. 갈대뿌리를 감아 돌며 흐르는 강물도 거센 물살을 일으키지 않는다. 간혹 제 몸 서걱대는 소리에 약간의 미동이 있을 뿐 이내 꼿꼿하게 서있다.

나는 할 말을 잃은 채 우두커니 섰다. 그것은 저항의 몸짓이 아니라 오랜 시간 순응으로 다져진 곧은 모습이었다. 땅거미가 질 무렵까지 갈뫼빛인 하늘이 야속했다. 붉은 석양이 가난한 갈대의 등뼈를 잠시라도 어루만져 주면 좋으련만….

이곳 60여 만 평 갈대밭에서 생산된 갈대 전량이 펄프 원자재로 구포에 있던 제지회사에서 사용되었다고 하였다. 또한 갈대자리와 갈꽃빗자루, 그리고 수공예품 등으로 이용되었단다.

강변에 뿌리 내리고 살던 갈대가 품은 꿈은 어떤 것이었을까. 그 꿈을 알 길이 없으니 그 속으로 지나는 세월의 움직임도 알 수가 없다. 오직 석양을 품으며 물결 고요히 일렁일 때, 그 또한 사뿐사뿐 흔들리는 한 점 풍경으로 남고 싶었을지도 모르는 일이다.

어둠이 깊을수록 더 짙어지는 갈대의 쓸쓸함에 나 또한 쓸쓸해진다. 담소를 나누던 일행들과의 간격도 어느새 멀어졌다. 혼자만 어둠에 갇힌다. 어둠의 허방을 딛자 비틀거리는 나는 서글픈 외톨이가 된다.

한때 자신 있어 하는 일이면 뭐든 다 되는지 알았다. 겸손과 믿음을 바탕으로 모나지 않게 살다보면 안 되는 일이 없으리라 생각했다. 좌절은 쓰러지는 것이 아니라 그 자리에 머문다는 사실을 깨달으면서 제 갈 길을 굳건히 가는 길만이 옳은 일이라 여겼다.

그러나 모래 바닥에 물이 새어 나가듯 가만히 있는 것만이 능사가 아니었다. 얼토당토 않는 말을 들었을 때 묵묵히 참고 있는 것도 어리석은 일이지만, 그동안의 좋은 관계를 유지하기위해 혼자만 마음 쓰는 것은 더 어리석은 일이었다. 그렇다고 흑백을 가려내듯 예리한 날을 세우고 싶진 않다. 그로 해서 서로의 마음이 옹졸해지고 피폐해지는 것은 원치 않기 때문이다. 더구나 바람과 맞설 때의 논두렁길을 기억하고, 저 홀로 외롭게 서 있어도 아름다운 풍경이 되는 갈대를 알고 있기에 온전히 나를 내려놓는 연습에 몰두하려 한다. 아득바득, 쥐락펴락해도 모든 것은 지나간다. 그러기에 한 순간이라도 주변과 더불어 따뜻하게 살아가고 싶을 뿐이다.

'바삭' '바삭' 갈대는 제 몸이 꺾이는 고통을 감내하며 길을 열기위해 내 발아래 바짝 엎드린다. 안쓰러운 그들의 등뼈를 밟고 겨우 길을 찾자 어렴풋이 들리는 일행들의 목소리가 그렇게 반가울 수가 없다. 숨을 고르려고 하늘을 쳐다보다가 오히려 숨을 죽이고 만다.

둔치도를 에워싼 불빛이 실핏줄처럼 퍼져 강물의 수면을 깨운다.

산불 이후

작년 봄 뒷산은 시커멓게 타버렸다. 불기둥과 시커먼 연기는 그곳에서 일어난 소소한 기쁨들을 깡그리 싸안고 하늘로 치솟았다. 공중을 돌며 물을 뿌리고 화재를 진압하던 헬기는 산책객들의 안전한 대피를 확인하고는 멀리 사라져 갔다.

그 일이 있었던 후 가벼운 산책에서 오는 즐거움은 단념해야만 했다. 불길 치솟는 광경들이 생생하게 떠오르는 바람에 가슴이 먹먹해져 한동안 힘든 시간을 보냈다.

일상에서의 리듬은 지켜가야 한다는 스스로의 약속 때문이었을까. 인근에 있는 보조경기장을 찾아갔다. 그곳에서라면 나태해지는 자신을 곧추세울 수 있을 것 같았다. 부드러운 흙길이 아닌 아스팔트 길이며 청정한 공기보다는 질주하는 차들이 내뿜는 매연을 감내해야 했지만, 다행히도 즐비하게 늘어선 플라타너스가 있어 위안이 되었다.

뒷산에서 보았던 아기자기한 야생 꽃들과 푸르스름한 이내의 신묘한 기운이 그리웠다. 연녹색 새싹과 눈 맞춤으로 신선한 충동이 휩싸였던 그 시간을 못내 아쉬워하며 경기장에 다다랐다.

이미 많은 사람이 트랙을 돌며 경쾌한 표정을 짓는 그들이 너무나 활기차다. 오종종히 피어난 들꽃들에 주고받던 정겨움과는 또 다른 기운들이 그들을 에워싸고 있었다.

손목을 돌리고 허리를 트는 가벼운 동작을 한 후, 천천히 걸으니, 타박하게 감지되던 산길의 느낌과는 사뭇 달랐다. 시작할 때와는 다르게 생각의 끈조차 놓아버린 맹목적인 운동이 되었다. 여유를 찾기보다는 옆 사람을 앞지르면서 악착스레 걸었다. 주변의 분위기에 동요되어 걷는 동안 탄력을 받아서인지 400m를 열 바퀴쯤 돌고 나서야 흡족해했다. 잠시 트랙에서 비켜나 나무 그늘에 앉았다. 온몸이 땀에 젖도록 운동을 하고 나니 후련했다. 그런 방법을 통해서 카타르시스를 느꼈고, 어느새 그렇게 길들어 갔고, 많은 시간이 흘러갔다.

그러던 어느 날 딱히 이유도 없이 갈증이 났다. 시간상의 차이일까. 목적과 과정에 대한 가치관의 차이일까. 촉촉이 가슴을 적셔주는 무언가가 필요했다.

산불이 난 후 처음으로 산을 찾았다. 산길을 걷다가 돌틈에 가까스로 몸을 밀어 올리는 풀꽃을 보았다. 처참하게 타버린 시커먼 산등성이에 어느새 파릇파릇 새싹이 돋아난 것이다. 여린 가지도 물이 올랐는지 제법 뻗쳐있고 예전의 빛깔을 되찾으려는 기운이 속속 느껴진다.

청설모가 쏜살같이 눈앞에서 나타나 둥치 큰 상수리나무를 타고 오른다. 녀석의 급작스러운 출연에 가슴이 뜨끔했다. 드문드문 산나물도 보이고 고사리도 한 두 줄기 보인다. 가끔 등반하는 산에서는 한 움큼씩 채취해 찬으로 요긴하게 썼지만, 여기서는 눈으로 보는 것만으로 만족하려 한다.

또 다른 청설모가 나타나 방금 달아난 청설모와 함께 굴참나무를 탄다. 어떻게 살았을까. 불이 났었는데… 여태 이곳을 떠나지 않았단 말인가. 아니면 잠시 떠났다가 정든 곳 다시 왔는가. 내 맘속에 머문 그리움 찾아 나 역시 이곳을 찾아왔듯이….

산불이 난 후 자라나는 식물들을 자세히 들여다보면 여느 해와는 다른 것을 알게 된다. 더 생기 있고 튼실하다. 활기가 느껴지고 신선함이 놀랍다. 아까시, 풀푸레 나무, 참꽃, 진달래, 싸리나무 등 키 큰 나무가 불태워진 후 성장의 맹렬함은 눈으로 확연히 드러난다. 재로 된 비료와 더 많은 햇빛을 받아서인지 복원의 속도는 자연적인 성장보다는 월등하다.

문득 산불 이후의 관리는 자연 그대로 두는 게 효과적이란 식물전문가의 말이 생각난다. 정말 봄의 햇살도 바람도 신록을 일구어내는 묘약임이 틀림없다. 서서히 산과 들을 덮고 있는 녹색은 화려하기보다는 청초하다. 또한 봄의 순진무구한 표정을 연출하는 의상이기도 하다.

간혹 순수한 눈빛을 보면 녹색이 연상된다. 가장 자연스러우며 평정을 주는 색도 녹색이다. 아마도 희망과 순수를 의미하는 색으로 인식되어 있어서일 것 같다.

산은 불탔지만 봄은 다시 돌아왔다. 산이 품어 있던 내면의 에너지를 다시 되돌려주어서인지 온갖 식물들이 윤기가 흐른다. 토인비가 말한 '도전과 응전'의 원리처럼 인간도 자연도 주어진 시련 앞에서는 더 강해지는가 보다.

움츠려진 가슴을 편다. 궁색한 일도 각박하고 메마른 일도, 조바심에 갈증이 날 때도 이렇게 산으로 들어와 산의 내공을 품고 나면 해소가 된다. 게다가 트랙에서 땀 흘린 후의 후련함보다 몇 곱절 큰 기쁨을 얻기도 한다.

불에 탄 겉옷을 걸치고도 청초한 모습 다시 드러내는 봄의 표정이 유난히 밝다.

멸치

상자를 열자 은빛이 쏟아진다. 가지런하기가 잔잔한 바다의 물결 같다. 손끝이 닿기만 해도 '톡' 튀어 오를 듯 신선하다. 눈알도 또록또록하고 손상된 것 하나 없이 때깔이 곱다. 한 마리를 통째 먹어본다. 씹을수록 고소하고 담백하다. 겉포장을 찬찬히 살펴보니 그 이름만 들어도 알만한 죽방멸치이다. 품새가 어찌나 반듯한지 참으로 이름값 한번 제대로 한다 싶다.

언젠가 남해에 갔을 때 대나무로 만든 말뚝이 부채꼴 모양으로 바다에 박혀있는 것을 보았다. 그 주위로 어민들 몇이 대나무 그물망에 갇힌 멸치를 그물로 잡아, 뜰채로 건져내는 작업을 하고 있었다. 죽방멸치는 세찬 조류를 따라다니다 자연스럽게 죽방렴으로 들어온 멸치를 일컫는다.

지금의 그물질이나 다양한 어로 산업이 발달하지 못했던 시대에 밀물 썰물의 편차가 큰 지역에서 품질 좋은 생선을 잡던 어로 행위이니, 죽방렴으로 잡은 멸치의 육질이 얼마나 좋으면 멸치 중의 귀족이라 명할까.

어민들의 집 주변 곳곳에 갓 삶아 낸 멸치가 산 대미 마다 가득 널브러져 있었다. 그것들은 태양열과 해풍에 가슬가슬 몸피를 줄이며 바깥의 둘레를 넓혀갔다. 체온에 맞는 물을 따라 해류를 이동해 가던 생존의 의지와 약육강식의 사슬에서 비켜나기 위한 치열성도 뼛속 깊이 쟁여 넣고 있었다. 전생을 건 그 맛은 가히 짐작이 가고도 남았다.

그래서일까 굳이 죽방멸치가 아니더라도 멸치를 대함에 있어서 한 점이라도 허투루 한 적은 없었다. 오히려 음식 중 최고의 반열에 올려두어 항시 우대하였다. 칼슘성분을 많이 함유하고 있어서 성장기에는 물론이고 학창시절 도시락 반찬으로는 단연 으뜸으로 쳤다.

햇빛과 선선한 바람으로 고들고들하게 말려진 그것은 심심풀이 주전부리에도 안성맞춤이었다. 특히 고추장과는 환상적인 짝으로 자주 등장했다. 게다가 어르신들 술잔 기울이는 곁에 다소곳이 앉아 시름을 달래주기도 했으니 멸치를 대하는 애정은 각별했다. 여행을 떠날 때는 한 줌이라도 챙겨야만 서운함이 덜했다. 다방면으로 두루 쓰이며 맛 또한 좋으니 일품 죽방멸치는 오죽하랴. 그리고 보면 유달리

멸치를 좋아하게 된 동기가 있다.

유년 시절 선창가를 들렀다 오시던 아버지의 손에는 항상 비닐봉지가 들려있었다. 비릿한 냄새는 연신 그것에서 풍겼다. 그 냄새가 싫어 멀찌감치 서서 힐긋거리기만 했다. 생멸치를 한 손으로 꽁지를 잡고 다른 한 손으로 쭉 훑으면, 내장과 대가리가 말끔히 빠져나갔다. 아버지의 민첩하고도 기발한 솜씨가 신기했다. 호기심 어린 마음에 천천히 아버지 곁으로 다가서면 초고추장 찍은 멸치 한 점을 불쑥 입으로 밀어 넣어 엉겁결에 먹고 말았다. 그런데 그 비린 것이 내 혀를 녹일 줄 어찌 상상이나 했을까.

그 후 아버지 손에 들려진 비닐봉지를 보기만 하면 냅다 부엌으로 뛰어갔다. 솔가지를 마개로 한 유리댓병부터 찾았다. 멸치의 깊은 맛을 더한층 돋우어 주는 것은 몇 달간 숙성된 막걸리식초만한 게 없었다. 커다란 양푼에 무채와 생멸치를 넣고 초고추장으로 버무리면 맛이 정말 기가 막혔다. 혀끝에 남는 고소함은 그 어떤 맛과도 비교될 수 없었다.

넉넉한 양일 때는 솥에 삶아 소쿠리에 널어 뒀다가 국이나 찌개의 깊은 맛을 내는 육수용으로 썼다. 적당히 말려진 멸치는 배를 가른 후 뼈와 내장을 발라냈다. 그럴 때마다 미세한 가시가 성가시게 손을 찔렀다. 육안으로 도무지 보이지 않던 가시는 햇빛 바라기를 하면 겨우 찾아낼 수 있었다. 보이지 않고서도 따끔한 침을 놓는 것은 멸치의 자존이었을까.

상자 속 자존의 한 덩이를 자근자근 씹는다. 으스러지면서 내 뿜는 그 맛에 청정한 바다의 향이 배어있다. 가없는 자유를 누리며 제 꿈을 한껏 키웠음이 참으로 가상하다. 꽃씨가 바람을 기다리듯 제 가치가 격상되기를 무던히 기다렸겠다.

안이하게 살고 있는 나는 과연 얼마만큼의 치열함과 확고한 의지를 펼칠 수 있을까. 누구에게나 기억되고, 기쁨이 되고, 가치 있는 존재가 되고 싶건만 그 소망은 요원한 것일까.

오늘따라 멸치의 명성이 부럽다.

바람개비의 갈망

수많은 바람개비 앞에 섰다.

옷깃을 여민다. 바람은 보이지도 않건만 저들은 하염없이 돌고 돈다. 어떤 물리적인 힘이 전혀 없는, 단지 바람으로만 도는 저들의 모습에 무아지경이 된다. 감정의 실타래가 바람개비처럼 돌돌돌 돌아간다.

인간을 이성의 동물이라고 하지만 그 말은 감정의 동물이란 말과 그렇게 다른 말은 아니리라. 절제하며 가히 이성적인 판단으로 자신을 잘 추스르는 사람들이 한때는 부러웠다. 일말의 허점도 없이 정직한 생활을 하는 사람들, 그 사람들이 단연 엘리트며 존경의 대상이었다. 하지만 그러한 생활을 하기 위해서는 자신을 얼마나 가혹한 이성의 밧줄로 옭아매야 하는가. 때로는 조였던 끈을 느슨하게 풀 수 있는 사람, 상대가 베푸는 작은 배려도 흔쾌히 받아들일 수 있는 넉넉한 사람에게 인간미가 느껴진다. 완벽으로 포장된 갑갑함보다 허술하지만 시원하게 전해오는 진심이야말로 사람의 마음을 더 사로잡는 것이 아닐까.

우연히 스쳐 가는 길에 빨간색이 특색인 바람흔적미술관이 보였다. 드넓게 펼쳐진 초원은 빨간색으로 인해 한층 더 진한 계절의 향기를 뿜는다. 바람의 흔적을 찾는 수많은 바람개비가 장관을 이루고, 그 주변으로는 넓은 잔디밭이 조성되어 있다. 이곳의 터줏대감 최영호 작가가 설치한 설치작업 마당의 작품 테마는 모두 바람이다. 목탁과 범종, 운판, 목어의 소리를 조화시키는 바람 소리 마당엔 목탁과 범종만이 완성되어 있다.

이른 시간, 인적 드문 산골에 혼자만의 관람인 셈이다. 언뜻 범종의 울림이 은은히 들려올 뿐 아무도 나를 주시하지 않는 곳. 고립 속에 자신을 가두어도 좋을 듯하다. 낯섦이 친근감의 다른 이름으로 다가온다.

눈동자가 검어서 순하게 보이는 강아지 한 마리가 이곳저곳 기웃거리는 나를 물끄러미 쳐다본다. 귀를 쫑긋 세우는가 싶더니 차츰 경계를 푼다. 저 혼자 심심했는지 꼬리를 흔들며 곁으로 왔다. 잔디 주변으로 오밀조밀하게 놓인 빨갛고 노란 꽃무리가 예쁘다. 양산 위로 떨어지는 따가운 햇볕도 노랑나비와 잠자리의 날갯짓 따라 잠시 비껴간다.

바람… 흔적… 나와의 예사로운 조우가 아니다.

몇 년 전 '바람꽃'이라는 가사를 K대 음대 학생에게 준 일이 있다. 그는 작곡가 지망생으로서 아름다운 가곡을 만들고자 했다. 그들의 발표회 날 초대되어 갔다. 바리톤의 음색으로 '바람꽃' 이 관객을 향해 피어날 때 그 감격은 정말 잊을 수 없다. 다시금 되새겨지는 노랫말에 가슴이 저렸다. 발표 후 정성껏 만든 악보를 건네받았을 때 바람꽃은 지상의 꽃이 되었다.

'흔적' 이란 제목의 작품도 있다.

지금은 장성하여 한 가족의 가장이 되어 있을 한 소년의 과오를 쓴 글이다. 평소 우리 아이와 친근하게 지내던 소년에게서 가정환경으로 인해 정서가 불안한 것을 느낄 수 있었다. 결국 우리 집을 택해서 범죄를 저질렀을 때 나는 두려움에 잠을 설쳤다. 훈계보다 깊은 포옹으로 설득을 시켰지만 젊은 혈기의 그가 무슨 일을 저지를지 불안했다. 그 당시 침묵으로 일관하며 남긴 흔적은 이렇게 긴 세월 끝에도 생생하게 되살아난다.

그래서인지 바람과 흔적이란 단어에는 특별한 애정이 있다. 여기 발길 닿은 것도 우연은 아니리라. 어쩌면 내밀한 통로를 향해 왔는지도 모를 일이다.

1층 전시실은 이른 시간이라 그런지 문이 잠겨 있다. 작은 창을 통해 들어 온 햇살 한 줄기는 빈 공간을 환하게 비추고, 빛바랜 액자는 허허로운 벽을 달래고 있다.

2층으로 난 철 계단을 오를 때의 특유한 소리는 오래 묵혀두었던 앙금들을 녹녹히 풀어준다. 1층의 닫힌 문과는 다르게 미닫이문은 쉽게 나를 허락했다. 사방이 통유리여서 주변 경관이 확연히 들어서자 진초록 풍광이 눈에 부시다. 엄청 높은 키의 바람개비가 눈높이에서 와락 내 품으로 들어선다. 소용돌이친다. 주체하지 못할 내면의 소리가 바람을 일으킨다.

정작 목이 타야 하는데 가슴이 탄다. 나무 의자에 앉아 혼란스런 마음을 다독인다. 장작더미 위에 놓인 기타에 뭔가 웅크리고 있는 것을 집어 들었다. 여린 풀잎을 정교하게 엮어 만든 여치모형이다. 누군가의 정성으로 빚어낸 무생물일 뿐인데 기쁨이 수반된다. 바람개비를 돌리는 바람의 마음도 그와 같은 것일까.

책상에 빼곡히 들어앉은 책들 속에 누렇게 변색된 노트가 시선을 끈다. 열 권 넘는 그 노트 속엔 삶의 얘기들이 짤막하게 적혀있다. 바람처럼 스쳐 가는 사람들이 흔적을 남겨두었나 보다. 대부분이 관람 후의 소감을 적었지만 드문드문 사랑의 맹세도 고백도 적혀있다. 남의 고백을 읽다보니 묘한 흥분이 일어난다.

문득 인간사가 별것 아니란 생각이 든다. 존재감이 한없이 작아질 때가 있다. 아무도 나를 기억해 주지 않고, 그 어떤 기회도 주어지지 않는다는 비감에 젖을 때면 한없이 쓸쓸하고 처량하다.

노트는 나를 끌어안으려 한다. 내밀한 언어를 한껏 싸안아 주려 한다. 진실은 알려지고 진심은 통한다며 응축된 갈망들을 죄다 풀어버리란다.

그랬다. 한없이 자유로워졌다. 그 공간은 내게 진실을 풀어놓게 한 유일한 통로였다. 언젠가 우연히 스쳐 가는 사람들에게 보일지라도 괘념치 않는다. 그것은 바람의 흔적일 뿐이니까.

둥지를 떠나는 새를 보는 것보다 둥지로 돌아오는 새를 보는 것이 한결 마음이 숙연해지듯, 어쩌면 끝없이 배회하고 갈망하는 것도 연습에 불과할 뿐, 그 연습이 오히려 나를 지탱하는 것이 아닌가 싶다.

결국 옷깃을 여밀수록 더 드러내고픈 갈망이 있었음을 바람개비는 알고 있었던 것일까. 바람 부는 날 일제히 돌아가는 바람개비.

저 혼자의 갈망이 더 깊어진다.

삶의 향유

햇살이 적당히 숲속 이슬을 떨쳐낼 때 산책길에는 밤새 잘 쉬었다는 소리인양 산새 소리가 여기저기서 들려온다. 그 길을 따라 여유롭게 산책하는 도시인들은 인근에 그런 산이 있는 것을 여간 다행스럽게 생각하지 않는다. 그래서 인지 산에 가보면 매년 사람이 늘어가는 것을 알 수 있다. 바쁘게 살 준비를 하느라 산기슭에서 잠시 맨손체조라도 하고 돌아가는 사람, 이른 새벽에 정상까지 다녀오는 사람, 남녀노소 할 것 없이 멧새 소리를 들으며 건강한 정신을 가다듬는다.

처음엔 혼자이다가 차츰 등반하는 사람들끼리 모임도 두루 갖는다. 모닝커피를 타오는 이도 있고, 가벼운 책 한 권 가져오는 이도 있고, 전날의 얘기 보따리를 안고 오는 이도 있다. 삼삼오오 모여 가벼운 운동도 하지만 시간이 지나다 보면 풍성한 이야기판도 벌어진다. 처음 며칠간은 가정 이야기로부터 시작하다가 소재가 궁해지면 이웃과 사회의 전반적인 얘기며 속내도 터놓는다.

건너편 나무 아래서 천천히 몸을 풀고 있는 그녀는, 며칠 전 그녀의 남편과 사소한 오해로 냉전을 벌였던 분이다. 남편 회사 야유회 때 찍은 사진 속에 아리따운 아가씨가 남편 무릎 위에 앉아 있더라는 것이다. 그 사진을 본 순간 전후 사정을 들을 것도 없이 그렇게 분통이 터질 수가 없더란다. 그러지 않아도 거울 앞에 서면 눈가와 이마에 늘어나는 주름과 검은 머리카락 사이사이 고개를 내미는 흰머리로 울적해지는데, 어여쁜 아가씨가 남편의 무릎 위에 턱 하니 앉아 있으니 그 심정이 오죽했을까. 아직도 그 화를 삭이지 못해 애꿎은 소나무에 등을 두드리며 혼잣말을 하고 있다.

그 옆에 한 분은 시동생에게 보증을 서 주어 집안이 힘들어졌다는 이야기를 했다. 욕심은 바닷물과 같아서 먹어도 먹어도 갈증이 나는 것일까. 경제적인 도움을 많이 주었지만 결국 서로에게 상처만 입히고 불편한 관계가 되었단다.

맞은편에서 담배를 깊이 내뿜는 아저씨는 친절로 인한 상처를 이야기한다. 우편취급소에 근무하는 그분은 이따금 소포 포장을 무상으로 해주었단다. 얼마 안 되는 돈이지만 따뜻한 마음을 표현했던가 보다. 그런데 이제는 포장이 당연한 듯 부탁을 한단다.

언덕이 무너져 길이 된다고, 성의껏 베풀었던 친절이 이젠 당연시되어 억지까지 쓴단다. 씁쓰레한 미소는 그날의 망친 기분이 떠올라서 그런가 보다. 물질의 유혹을 의연하게 이겨낼 수 있는 사람이 과연 몇이나 될까. 생활에 깊숙이 관여하는 그물망과도 같은 돈, 그 그물망에 걸려들어 자기보호 본능에 허덕이는 궁색한 모습은 아니었으면 싶다.

힘겹고 고달픈 삶의 이야기에 가슴이 아리다가도 공감이 될 때는 한줄기 소낙비를 만난 듯 청량해진다. 행복해서 웃는 게 아니라 웃으면 더 행복해진다는 사실을 피부로 느끼며 때로는 해학적인 얘기에 귀를 쫑긋 세운다.

예쁜 여자를 만나면 삼 년이 행복하고 착한 여자를 만나면 삼십 년이 행복하고, 지혜로운 여자를 만나면 삼대가 행복하다고 한다. 그리고 잘생긴 남자를 만나면 결혼식 세 시간 동안의 행복이 보장되고, 돈 많은 남자를 만나면 통장 세 개의 행복이 보장되고, 가슴이 따뜻한 남자를 만나면 평생의 행복이 보장된다고 한다.

정말이지 세상의 많고 많은 사람 중에 자신이 만난 사람이 가슴 따뜻한 사람이길 바라는 마음, 세상의 많은 여자 중 바로 자신이 예쁘고 착하며 지혜롭기까지 한 여자이길 원하지 않는 사람이 있을까. 저마다 서로의 장점을 발견하고 이해하려 한다면, 생의 굴곡을 무사히 지나갈 수 있으련만, 어디 세상일이 마음먹은 대로 되는가 말이다.

한 참 기분이 고조될 즈음 “요즘 살만한 여자들치고 숨은 애인 하나쯤 없는 사람 어디 있어?” 하는 너무도 당연한 말인 듯 천연덕스러운 목소리가 이어졌다. 그러자 곧 그 얘기에 맞장구치는 말들이 곳곳에서 들리기 시작하더니 결국에는, 결혼해서 붕어빵 같은 자식들 낳고 아득바득 살다 보니 어느새 몸매는 망가져 있더란다. 배를 둘러싸고 있는 배둘레햄을 적당히 빼고 나면 그 애인 한 번 찾아봐야겠다는 우스갯소리에 모두 호탕한 웃음을 터트리고 만다.

아마도 복잡다단한 세상의 습속으로 왜곡된 여인들의 눈에 비친, 적어도 일부의 모순이 건전한 사회를 가리고 있다는 것을 빗대어 말하는 것일 거다.

스스럼없이 속내를 드러내는 그들의 목소리에 삶의 진득한 애환과 행복이 녹아있다. 이 순간만큼은 한 치도 양보하지 않고 빈틈없이 세상사에 골몰하는 사람들 틈에서 빠져나와, 모두 신경을 늦추고 여유롭게 주어진 시간을 즐긴다.

남을 경계하거나 경쟁하는 눈빛이라고는 없다. 오히려 함께 공유하고자 한다. 좀 어리석어 보이는 그런 사람이 섞여도 멀쩡한 사람들의 마음을 느긋하게 누그러뜨려 주니 그 또한 인간 세속의 조화려니 한다.

어떤 상황에서든 고정된 시각으로 본다면 그 방향에서만은 그것이 진실로 나타난다. 유리잔에 남은 절반의 물을 보고 누군가는 물이 반밖에 남지 않았다고 투덜거리는가 하면, 누군가는 물이 반이나 남았다며 안도의 숨을 내쉬기도 한다.

그렇듯 자신의 사고와 감정에 따라 기준이 서는 것이다. 누가 잘나고 못나고 시시비비를 가리고 살만큼 인생은 길지 않다. 사랑으로 감싸고 웃음으로 하루를 채워도 모자라는 인생이니까.

바늘 길

동그란 목선에 아기자기하게 달린 레이스는 천진한 아이의 웃음꽃 같다. 촘촘히 주름 잡혀 봉긋 솟은 어깨는 구름빵을 닮았다. 앞가슴에는 전사지를 놓고 다리미로 압착한 뽀로로가 웃고 있고, 반반한 등판에는 앵그리버드가 창공을 날고 있다. 소매는 깜찍하게 핑크색 바이어스로, 중앙에는 가시도트를 나란히 달아 실용성을 더했다.

마치 그림책을 보는 듯 이야기가 읽혀진다. 시집 간 딸아이가 만든 점퍼에 대한 감상이다. 세련되고 고상한 것과는 차별되는 독창적인 디자인과 캐릭터가 재미있다. 유명 고급 아동복브랜드에서는 볼 수 없는 독특함이 한창 재롱을 떠는 아이들에게 흥미를 일으킬 것 같다. 점퍼와 썩 잘 어울릴 바지며 집시치마도 손쉽게 만든다. 하지만 그 쉬운 작업 속에 재잘거리는 이야기와 웃음을 섞느라 딴에는 고민한다.

드르륵…드르륵… 재봉하는 딸아이의 손놀림이 섬세하고 민첩하다. 천을 뒤로 접었다가 말았다가 꺾어가며 한 땀 한 땀 촘촘히 사랑을 심는다. 다양한 색실을 갈아 끼우는 게 번거로울 텐데 요소요소 예쁜 무늬를 놓는다. 알맞게 시접 된 부분은 바늘이 수월하게 지나가지만 굴곡진 부분에는 손끝에 바짝 힘을 실어 들이민다.

신기한 일이다. 두 개의 천이 맞닿은 곳마다 바늘길이 열린다. 그 길은 곧고 반듯하다. 마음길이기도 하다. 자칫 감정의 파고가 일렁일 때는 울퉁불퉁 모난 길이 되기 십상이다. 평온할 때와 혼란할 때의 심상을 확연하게 보여 준다. 딸아이에게 재봉하는 시간은 사랑을 짓는 일이기도 하다.

어쩌면 지루하고 힘겹기도 한 바늘길을 딸아이는 기꺼이 찾는다. 도안한 대로 그럴싸하게 만들어 질 때 쯤 여유 있는 웃음을 내게 보낸다. 나도 따라 미소 짓다가 흠칫 가슴 깊이 눌러 놓은 기억의 흔들림에 놀란다. 딸아이가 바느질을 할 때면 으레히 떠오르는 그 몹쓸 기억이 나를 슬프게 한다. 딸아이도 흔들리는 내 눈빛을 보고 제 기억과 맞닿아 있음을 알아챈 것일까.

나는 그때 내 아이에게 도대체 왜 그랬던 것일까.

딸아이가 여섯 살 쯤 되었을 때였다. 여러 개의 플러그를 꽂으면 과부하가 일어나듯 그 당시 나에게 짐 지워진 것들이 버거워 신열이 날 지경이었다. 감당할 수 있을 만큼 주어진다는 시련의 한계도 믿기지 않았다. 힘들면 포기하고 내려놓을 수도 있으나 그렇게 하기에는 자존심이 허락지 않았다.

시집살이의 어떤 상황이란 것도 나에겐 무익한 것이었다. 오직 오기 하나만이 유일하게 나를 지탱하고 있던 때였다. 그런 나에게 딸아이와 공유하던 종이인형은 내면의 모순과 수시로 끓어오르는 불협화음을 불식시키기에 좋은 도구였다. 그것을 마주할 때면 온순한 나를 찾게 되고 그 시간이면 아이의 눈높이에서 마음껏 콧노래를 불러댔다. 종이가 얇아 찢어질까봐 두꺼운 마분지를 덧대어 주기도 하고 필요한 장신구는 직접 그려 오려주기도 했다. 원하면 모든 것이 내 손에서 만들어 졌기에 종이인형은 온갖 화려한 것을 다 가질 수 있었다. 가방과 구두, 예쁜 머리띠까지…. 딸아이가 원하는 것이면 뭐든지 가능했다.

그러던 어느 날 억누르고 있던 분노가 딸아이에게로 향했다. 그토록 애지중지하던 종이인형을 갈기갈기 찢어 비 내리는 마당으로 던져버렸다. 종이옷이 가득담긴 상자도 통째 날려버렸다. 아이가 좋아서 매만지던 것이면 죄다 찾아내어 없애버리는데 혈안이 되었다.

그 흔한 플라스틱 인형 하나 사주지 못할 만큼 궁색한

형편은 아니었지만 그런 것은 사치라고 생각했었나 보다. 겁에 질려 울음을 삼키던 아이는 젖은 종이인형을 제 손바닥에 올려놓으려 했지만, 빗물에 형체가 일그러져 아무짝에도 쓸모가 없었다. 날마다 예쁜 옷을 갈아입히며 즐거워했던 인형이 갑작스레 사라졌으니 그 상실감이 얼마나 컸을까. 아이의 허망했던 눈빛이 아직도 가슴을 저미는데 딸아이인들 어떻게 그 일을 잊을 수 있을까.

이따금 왜 힘들게 재봉을 하느냐고 물으면 바늘 길 따라 촘촘히 사랑을 심는 일이 마냥 즐겁단다. 누구에게나 자신의 마음속에 가슴 벅찬 환희나 죽을 만큼 고통스러운 사연 몇 개쯤은 가지고 있을 터이다. 아마도 딸아이는 그날 선명하게 각인된 기억을 소담하고 아련한 작업들로 꾸미고 어루만지며 살아가는 것만 같다.

어쩌면 회피하고 싶은 순간들을 습관처럼 무의식 속에 억압시켜 놓고 살아왔는지도 모른다. 상처는 사라지는 것이 아니라 무의식에 가두어진다는 것을 비로소 깨닫는다. 그때 갈기갈기 찢어진 옷, 그 흐물거리던 종이옷에 대한 안타까움이 이제 딸아이의 손에 의해 재탄생되고 있는 건 아닐까. 아니 그렇게 믿고 싶다. 그래야만 나 스스로 용서를 받았다고 위로할 수 있을 테니까.

젖어버린 종이옷이 리드미컬한 재봉틀 소리에 춤추듯 다시 살아난다. 희고 고왔던 내 아이의 손. 이제 세 아이의 엄마가 된 딸아이의 손끝에서 가슴 저리게 흐르듯 이어지는, 박꽃같이 환한 바늘 길을 본다.

위험한 방법

"할아버지, 할아버지 성함이 어떻게 되세요?"

계속되는 질문에 얼굴이 빨갛게 상기된 아버님은 멀뚱히 그들을 쳐다본다. 목젖까지 차오르는 이름 석 자. 그 이름을 입속에 가두려고 천장을 보며 딴청을 부린다. 방금 전까지 지금은 어떤 계절이냐, 대청에 앉은 저 사람은 누구냐, 화장실은 어떻게 가느냐는 여러 질문에도 아버님은 엉뚱한 말을 웅얼거렸다. 틀니까지 빼놓았으니 말투조차도 어눌하였다. 건강보험공단 직원은 아버님의 행동과 눈빛을 예사로 보지 않았다. 겨우 추스르는 불편한 팔과 다리를 들어 올려보며 거동상태를 재차 확인하려 했다.

그들의 예리한 심사로 긴장감이 계속되자 내 입이 바짝바짝 탔다. 은근슬쩍 아버님 손등께로 내 손을 올리고는 검지로 꾹 눌렀다. 조금만 더 참고 견디시라는 간곡한 신호였다. 그때 나를 향해 슬며시 웃는 아버님, 그 웃음은 차라리 허망한 슬픔이었다.

장기요양인정 등급을 받기 위해 아버님은 가급적 초췌한 모습으로 정신없는 노인 역할을 하는 중이다. 멀쩡한 정신으로 그들의 질문에 턱없는 말을 하려니 쉽지 않으신 게다. 될수록 모른다는 말을 번복하지만 오랜 세월 지켜온 자존심이 손상되는 기분이 얼마나 씁쓸할까. 아버님의 그 눈빛을 보자 내 편리를 위해 괜한 일을 시도한 게 아닌가 싶은 자괴감이 밀려왔다.

어쩌다 한 번씩은 그랬다. 한 밤중에 일어나 큰방 창문턱을 넘으며 화장실을 찾았고. 수저를 손에 쥐고 있으면서도 얼른 가져오라고 호통을 쳤다. 그럴 때면 가슴이 덜컥 내려앉았다.

몇 해 전에는 자전거가 차에 부딪히면서 크게 부상을 입었다. 그 일로 뇌수술까지 한 터라 뜬금없는 말들은 당혹스러웠다. 혹시나 치매의 시초인가 싶어 아버님을 주의 깊게 살펴보았지만 더 이상 우려한 일은 일어나지 않았다. 그저 기력이 쇠하여 잠시잠깐 일어나는 현상이려니 생각하고 몸을 보하는 음식을 장만하는데 마음을 쏟았다.

그렇게 즐겨 타던 자전거도 무심히 내팽겨졌다. 쉴 새 없이 돌아가던 바퀴도 거미줄에 걸려 맥없이 섰다. 빨랫줄을 받혀주는 바지랑대보다 더 힘없는 아버님의 다리였지만 그나마 한 가닥 위안을 받는 곳은 노인병원이었다. 그곳은 쑤시고 결리는 부위를 완화시켜주는 물리치료도 할 수 있고, 한마디 말로도 서로 소통되는 어깨동갑들이 있는 곳이었다. 그곳을 다녀온 날이면 한결 기분이 좋아보였다.

출근시간을 삼십 분 앞당겨 노인병원에 모셔다 드린 지 한 달여 되던 날, 이웃에서 귀띔을 해 주었다. 건강보험공단에 신청서를 내고 3등급이라도 받으면 통원차량 혜택은 받을 수 있다고 했다. 하지만 인지능력이 문제였다. 여든을 넘기고 걷기에 불편을 겪는 노인이라도 인지능력에 문제없다면 등급이 나오지 않는다고 했다. 참 어이가 없었다. 물론 위중한 노인이 혜택을 받아야 하는 것은 마땅한 일이지만 고령인 노인의 건강상태를 참작해 주지 않는 건강보험공단의 규정이 야속했다.

문득 아침마다 서두르는 불편한 일들이 앞 다투어 일어났다. 언제까지 이 일을 감내해야 할지 뚜렷한 답도 없는 상황이다. 등급 받을 수 있는 확실한 방법을 이미 들어 알지만 아버님은 썩 달갑지 않은 모양이다. 나는 잠깐의 연기로 누릴 수 있는 일 년간의 편리함과 혜택의 당위성에 대해 조곤조곤 설명을 했다. 그래도 묵묵히 반응을 보이지 않는 아버님께 사정사정을 하여 결국 신청서를 내었다.

그리고 그들이 왔다.

진단의 한 과정이려니 싶지만 다정하게 어깨를 주무르며 아버님의 건강을 염려한다. 그들의 살가운 말에 경직된 얼굴이 서서히 풀리는 듯하다. 그 모습을 바라보고 있으니 울컥 가슴이 미어진다. 내가 참 몹쓸 짓을 하였다. 모든 사람이 두려워하는 치매를, 입에 담기조차 싫은 그 질병을 아버님께 종용한 것이 아닌가. 정상인데도 비정상인 행동과 말을 해야만 하는, 그 난처하고 기가 막히는 심정을 내가 어찌 가늠이나 하겠는가. 앞으로 몇 년을 더 연명할 거란 장담도 못하는데 사지 멀쩡한 내가 잠깐의 불편함을 참지 못해 어리석은 짓을 저지르고 말았다.

아버님의 얼굴에 화색이 돈다. 흐뭇한 표정이다. 그들이 재차 이름을 묻는다. 차라리 이쯤에서 참고 있던 말, 무너진 자존심 다시 세우며 당당히 외쳤으면 좋겠다. 그런 내 마음을 알아챈 걸까. 천장을 보며 입속에 가두었던 그 권위 있는 이름

"내 이름은 김판조요."

비로소 또렷하게 외쳤다. 그 후 그들과의 대화로 인지능력이 정상임을 확실히 드러내 보였다.

그런데 참 야릇하다. 속이 뻥 뚫린 것처럼 시원하면서도 왜 이렇게 가슴이 먹먹할까.

흔들리지 마

일단 믿고 보자. 아마 괜찮겠지. 혼자서 최면을 걸듯 웅얼대며 수원지 입구에 도착했다. 정해진 시간 즈음 등산복 차림의 회원들이 하나 둘씩 모여들었다. 수원지 둘레길이라 하여 간편한 복장을 하였건만 그들은 지리산 등정이라도 하는 양 큰 배낭을 짊어지고 아이젠과 스틱 등 등산장비를 완벽하게 갖췄다.

지난주 진해 드림로드를 걸을 때 그나마 양지쪽은 햇살이 들어 따사로웠다. 가지마다 잎눈이 금붕어 눈알처럼 불거져 나온 것이 눈에 띄었다. 하지만 그것도 잠시였다. 빙판길이 줄곧 이어지자 오싹오싹 몸이 떨렸다. 추워서 떨리는 것이 아니라 몸을 가눌 수 없음이 두려워 떨렸다. 등산화도 소용없을 만큼 바닥이 미끄러우니 주변 풍경은 볼 틈도 없었다. 되도록 보폭을 좁게 하여 살금살금 걸었으나 막무가내로 흔들렸다. 아무리 중심을 잡으려 해도 흔들리는 데는 대책이 없었다. 그 자리에 오도카니 서 있기는 더 힘들었다. 저 만큼 앞서 가는 일행들이 부럽기도 하고 야속하기도 했다. 상대방의 고충도 있는 것인데 속도 모르고 공주처럼 걷는다고 놀려대기까지 하니 그저 허망한 웃음만 흘렸다. 유행가 가사처럼 '내가 웃는 게 웃는 게 아니야' 가 되었다.

빙판길 위에서 얼마나 몸을 도사렸는지 다음날 온 몸이 뻐근했다. 한 순간 방심하여 미끄러지기라도 한다면 개인의 고통은 차치하고 일행의 근심은 아마도 쌀 한가마의 무게와 같았으리라. 전적으로 다리가 부실한 내 탓이니 누구를 탓할 처지가 아니었다. 오히려 겁 많은 모습에 공주란 애칭까지 얻었으니 기분이 썩 나쁘진 않았다.

하여 이번에도 빙판길이 있으면 포기하려 했다. 하지만 수원지 둘레길 쯤이야 가볍게 생각하고 나선 것이다. 다행히 빙판길에 모래가 뿌려져있어 걷는데 무리가 없다. 그제야 주변을 돌아볼 여유가 생겼다. 초목은 달포 전에 내린 갑작스런 폭설에 주눅이 들었나 보다. 그렇지 않고서야 제 몸을 누르는 눈을 가만히 내버려 두겠는가. 어쩌면 그 무게조차도 자신의 몫으로 감당하고 있을 터이다.

물길 쉬어가는 곳에 돌탑이 오수를 즐기고 있다. 돌 하나 하나에 쌓아올린 염원 위로 내 소망도 가만히 얹었다. 문득 바벨탑이 무너진 것은 사람들이 하늘보다 더 높이 탑을 쌓아올리려는 교만한 마음에서 비롯되었다는 설이 떠올랐다. 수원지에 있는 적당한 높이의 돌탑은 절제하는 마음과 만족하는 겸손을 보여준다.

평화로운 저수지에 물소리가 요란하다. 오리들의 사랑 놀음으로 물거품이 치솟는다. 그들의 몸짓이 잔잔한 물결을 사정없이 난도질 한다. 그 광경은 마치 사랑은 쟁취하는 것이라는 것을 보여준다. 강한 놈이 대시를 해대자 약한 놈은 한 발 물러서서 물끄러미 바라만 본다. 동식물의 생태가 인간사와 별반 다르지 않음을 알겠다.

정자에 올라서자 색다른 풍광이 펼쳐져 모두가 관심이 쏠린다. 음지의 저수지 수면에 희귀한 나무그림자가 생겼다. 신기하다. 얼음이 녹으면서 생긴 틈이 무늬가 된 것인가. 살얼음 위에 나무의 모습이 그대로 드러난 것인가. 여태껏 보지 못한 현상에 의견이 분분하다가 조용히 침묵한다. 아마도 영감이 떠오른 게다. 중요한 순간에는 본능적으로 숨을 죽이니까 말이다.

올망졸망 달라붙은 작은 생명의 움돋음이 여기서도 진행 중이다. 모든 생물들이 자연의 섭리에 따라 생성과 소멸을 반복하지만 생명이 탄생하는 순간만큼은 신비롭다 못해 경건하다. 찬찬히 숲 속을 응시하다가 수원지길만 돌기에는 다들 성에 차지 않는 눈치다. 하긴 하루 두 시간은 거뜬히 산보하는 나도 그냥 돌아가기에는 서운하였던지 정상을 오르는데 동조했다. 눈의 무게로 갈래진 가지는 일필휘지의 거대한 필선이었다. 그 사이로 걷고 또 걸었다.

과유불급이었다. 그냥 만족했어야 했다. 한 걸음 더, 더 하는 바람에 곤혹스런 빙판길과 또 맞닥뜨렸다. 산을 오를 때보다 내려갈 때가 훨씬 힘든데 이일을 어찌 해야 할지 눈앞이 아득했다.

아이젠을 채워주고 스틱을 쥐어주었지만 흔들림이 어김없이 찾아온 것이다. 가파른 길로 접어들 땐 미끄러워 등산로 양쪽에 돋아난 마른풀을 찾아 밟았다. 곧게 뻗은 나뭇가지만 보이면 매달리다시피 했다. 하지만 눈에 보이는 것이 전부가 아니었다. 단단히 지탱해주리라 믿었던 곧은 가지가 내 몸무게를 견디지 못하고 뚝 꺾어졌다.

부나사리 없어 보이지만 미끄러지면서 황급히 손에 감아쥔 칡넝쿨이 오히려 위태로웠던 몸을 앙버텨주었다. 부드러운 것이 결코 약하지 않았고 미세한 것이라도 만만하게 볼 것이 아니었다.

믿었던 도끼에 발등 찍히고 기대하지도 않았던 지푸라기에 목숨을 구한 격이라니. 참 나도 어지간하다 싶었다. 그냥 단념하면 될 일을 식은땀까지 흘리면서 짜릿함을 즐기는 이 이율배반은 왜일까. 아마도 힘들다고 쉽게 포기한다면 정상에서 누리는 희열을 맛볼 수 없을 것이다.

하지만 이제는 억지로 몸을 채근하지 말아야겠다. 마음 같아서는 축지법도 하지 싶은데 생각대로 되지 않는 것을 순순히 받아들여야 한다. 염력이 길러졌다고나 할까. 아니면 염치가 생겼다고 할까.

내려오는 길에 충실하게 발을 딛는다. 반듯하게 내 딛지만 빙판길에서 흔들리는 데는 도리가 없다. 살아가는 동안 흔들리는 게 어찌 이뿐이랴. 그때마다 최면을 걸 듯 소리쳐야겠다.

"흔들리지 마."

2부

365
캐리커처
꿩 사냥
휘어짐의 아름다움
빈 식탁에서
꽃을 닮은 사람들
머문 자리
괴물과의 한판
밭둑을 걸으며
은빛 향수
그리운 마음따라

365

춥다.

추운 건 딱 질색이다. 환절기 때는 물론이고 기온이 조금 내려간다 싶으면 민감하게 반응하는 몸이 참으로 얄궂다. 갱년기장애라며 시시때때로 얼굴이 붉어지고, 땀이 비 오듯 한다는 주변 사람들을 보면 난 정상이 아닌 게다. 안면홍조는커녕 땀도 많이 흘리지 않으니 체질이 냉한 편인가 보다. 그들 옆에 무연히 있다가 열을 식히려 부채질이라도 하면 난 그 바람이 싫어 진저리를 친다.

그런 내 모습을 보고 애정결핍이라며 놀려댄다. 웃자고 하는 말이려니 싶다가도 정작 그렇게 생각하고 있는 건 아닌가 싶어 정색을 하고 손사래를 친다. 그 말은 사랑을 받지 못해서, 감정이 메말라서 그렇다는 뜻으로 들린다.

하지만 아니다. 책을 보다가 관능적인… 섹스어필한… 식스팩 따위의 감각을 자극하는 글이 눈에 띄면 여전히 가슴이 뛴다. 또 영화를 보다가 키스하는 장면이나 베드신이 나오면 나도 모르게 마른 침을 꿀꺽 삼킨다. 그 소리가 어떻게나 크던지 민망해 얼굴이 붉어지기도 한다. 청춘남녀의 용광로 같은 뜨거운 가슴은 아닐지라도 뚝배기 같이 은근한 따스함도 있으니 그만하면 된 것 아닌가.

일찍이 사람의 체온만큼 가슴을 데워주는 것은 없다고 생각했다. 애틋하고 촉촉한 눈빛을 바라보면 가슴 깊은 곳에서부터 온기가 차오르고, 진한 애정표현까지 받는다면 얼음처럼 차가운 마음도 후끈하게 달아 오지 않던가. 헌데 언제부턴가 생각이 변했다. 그보다 뜨겁고 감미로운 경우를 체험했기 때문이다. 그 이후 굳이 체온을 갈망하지 않는다. 오히려 혼자서도 언제든지 취할 수 있어 홀가분하고 자유롭다. 은밀한 것이 아니어서 만족도가 높다.

부슬부슬 비가 내리고 기온이 급 하강하던 날이었다. 훈훈한 실내에서 행사를 마치고 나오자 갑자기 한기가 와락 몰려들었다. 안과 밖의 급격한 기온 차에 내 몸이 마치 공벌레처럼 오그라들었다. 얼마나 공기가 시렸는지 뼛속까지 한기가 파고들었다. 잔인한 아픔을 그토록 실감한 건 처음이었다.

나는 소리쳤다. 나를 안아달라고, 단 몇 초라도 꼭 꼭 껴

안아달라고. 갑작스런 행동이 장난으로 여겨졌는지 모두들 웃고만 있었다. 그 자리에서 그대로 얼어 죽을 것만 같은 고통에 치를 떨다가 결국 울음을 터트리며 울부짖었다. 그제야 심각성을 느끼고 한사람이 달려와 나를 껴안고, 뒤이어 옷을 벗어 덮어주고, 부랴부랴 한기를 몰아내는데 애를 썼다. 겨우 정신을 차렸을 땐 엄청난 서글픔이 밀려와 목울대가 빼근했다. 그런 갑작스런 행동이 그 뒤로도 몇 차례 반복 되었을 때는 정말 죽기보다 싫었다.

그때부터 몸을 데우기 위한 방법으로 목욕탕에 드나들었다. 욕탕 속의 뜨거운 물은 몸에 도사리고 있던 냉기를 쭉쭉 뽑아내 주었다. 단전에서부터 끓어오르는 미묘한 쾌감은 체온도 높여주었다. 때마침 욕탕 바닥의 좁은 구멍을 통해 분출되는 물기둥은 한껏 파장을 일으키며 솟구쳤다. 단단하게 뭉쳐있는 허리부위에 수압 찜질이라도 해볼까 싶어 가까이 다가갔다. 물기둥의 안마는 부드러우면서도 시원했다. 방울방울 예쁘게 끓어오르다가 몸에 닿자마자 여지없이 부서졌다.

물기둥의 안마에 익숙해져 갈 즈음, 야릇한 기분에 감았던 눈을 번쩍 떴다. 잔잔하게 일어나던 기포가 내 몸을 자극했던 것이다. 민망함과 동시에 원초적 본능이 직조되었다. 순간 얼굴이 화끈거려 물거품으로 연거푸 얼굴을 씻었다. 혹여 내 모습을 유심히 지켜보는 이가 있는지 주위를 둘러보니 다행히 나 혼자 뿐이다. 달아오른 열기로 차츰 물과 몸을 섞는 일에 몰두했다.

탕 속에서의 호사를 누리는 시간이 잦아지다보니 차츰 체질도 개선되었다. 뜨거운 피돌기는 아니지만 뭉근한 온기가 움츠렸던 몸과 늘 불안해했던 마음마저도 포근하게 힐링해 주었다. 무엇보다도 갑자기 엄습하는 저체온 증상에 곤혹스러워 하지 않아도 되니 참으로 다행한 일이었다.

삶은 생을 지속시켜주는 에너지들로 인해 의미 있고 또 아름다울 수 있다. 그것이 내 안에서 비롯되든 혹은 내가 속한 환경에서 시작되는 것이든 간에 '뜨거움'이란 차가움보다 풍요롭고 가치 있는 존재를 완성시켜주지 않던가. 나를 온전하게 지탱시키는 뜨거운 열기를 지금도 끊임없이 저장한다. 1년 365일을 36.5도의 체온과 그 이상의 열정으로 채울 내 삶은 앞으로도 붉게 타오르리라.

거울을 통해 본 상기된 얼굴이 정염을 토한 옹녀보다도 더 붉다.

캐리커처

낯설다. 어색하다. 나와 닮긴 했지만 썩 마음에 들지 않는다. 잘 나왔다고 건네는 인물 사진을 봐도 부인하는 판인데 하물며 이미지를 그린 캐리커처가 마음에 들 리 없다. 딴사람 같다고 투덜댔지만 식구들이 이구동성으로 나와 닮았다고 한다.

거실 장식장 위에 세워두고 부엌에서 일하다가 본다. 큰 방으로 들어서기 전에 또 본다. 마치 낯선 사람을 보고 울음을 터트리는 아이가 또 돌아보는 것처럼 반사작용이 일어난다. 맘에 차지 않는다면서도 묘하게 끌린다. 크지 않은 눈과 낮은 코, 짙은 눈썹과 옴폭 파인 보조개. 동그란 얼굴선에 맞닿은 짧은 목을 보니 영판 나다. 이목구비 뿐 만이 아니다. 밝게 웃음 짓는 이미지가 어쩔 수 없는 나다.

얼마 전 아들의 카카오스토리에 들어가 보고는 깜짝 놀랐다. 마치 개그맨들이 개그를 하는듯한 생생한 표정을 본 것이다. 개개인의 본질적인 특성을 제대로 살린 캐리커처는 요즘 말로 살아있었다. 댓글에도 맞장구치는 글과 적절한 이모티콘이 올려져있어 공감을 나타냈다.

은근히 호기심이 생겨 다음 장을 넘기다 보니 경무과에 새로 부임한 상사의 캐리커처도 있다. 깔끔한 제복에 권총을 찬 위엄 있는 모습이 꽤나 근사했다. 흑과 백의 명암을 독특하게 처리했다. 동료부부도, 돌잔치 그림도 생동감 있게 잘 그려졌다.

그 후 지나가는 말로 나도 그려 달라고 했다. 우연한 계기에 아들이 집에 들렀을 때 스케치북을 들고 와서는 나를 의자에 앉혔다. 스치듯 한 말을 허투루 듣지 않고 기억한 것이다. 꼼짝 않고 아들을 바라보았다. 날렵한 손놀림과 나를 주시하는 눈매가 예사롭지 않았다. 웃는 얼굴을 잘 그려 달라며 광대근육을 살짝 치켜 올렸지만 과묵한 아들은 열심히 그려갔다. 스케치북에 어떤 모습이 그려지는지는 볼 수 없어도 몰입하는 모습은 꽤 진지했다.

아들이 그려내는 내 모습이 어떨지 궁금했다. 보이는 대로만 그리지는 않을 것이다. 눈을 보면서 내 마음도 읽어내는 것일 게다. 제대로 보았으면 하는 바람과 속내는 들키지 않아야지 하는 마음이 공존한다. 묘한 심정이다. 마주본다는 것은 마음을 모두 보여주는 것과 다름 아니다. 스케치북을 사이에 두고 아들은 나를 읽고 나는 아들을 읽는다.

기동대에 근무 할 때는 불철주야 시위대를 제압하느라 곤혹을 치르는 일이 한두 번이 아니었다. 이동 경찰서격인 버스 안에서 근무를 했으니 기지개 한번 제대로 펴지 못했을 테다. 그때마다 동료들의 모습을 익살스럽게 그려 한바탕 스트레스를 날리게 했다. 주변에서 원하면 적당히 둘러대도 될 일을 거절하지 않고 기꺼이 그려 줘 동료애도 남달랐다. 긴장된 범죄와의 전쟁에서 휴식을 취할 때 한두 번 재미삼아 그렸던 것이 경무과로 발령받고서도 그림을 전담하는 홍보부로 이어졌다. 이제는 참신한 아이디어로 4대 사회악 근절과 아이언 맨 까지 동원한 그림을 그려 인터넷을 뜨겁게 달구고 있다.

스케치북의 지우개 자국을 털어내는 것을 보니 거의 완성단계인가보다. 그리기에 최선을 다하는 모습에서 몇 년 전 보았던 몽마르트 언덕에 있는 거리의 화가가 떠오른다. 숱한 관광객들의 소란을 의식하지 않고 미동도 없이 그림을 그리던 집중력. 그때 나는 순식간에 자화상을 그려내는 그들의 천재적인 능력에 탄복 했다. 어쩌면 그리도 쏙 빼닮을 수 있을까. 그림 속의 인물은 실제보다 훨씬 생기 있고 아름다웠다. 아마도 여행객의 마음을 흡족하게 해주고 싶었으리라. 그날 서둘러 다음 행선지로 가지 않았더라면 내게도 몽마르트 언덕에서 그린 자화상 하나쯤은 있었을 터이다.

아들이 그려주고 간 캐리커처도 단연코 활기차고 밝은 표정이다. 아들도 몽마르트의 화가처럼 내 마음에 들게 그려주고 싶었던 것일까. 그렇다면 아들은 내게서 무엇을 읽어낸 것일까. 툭하면 감정의 기복 따라 우울 모드가 되는 것을 자제하고 그림을 볼 때 마다 웃어보라는 의미를 남겨둔 것일 게다.

차츰 낯설고 어색하던 느낌이 사라지고 친근하게 다가온다. 사실 나는 내가 생각하는 내가 아니다. 상대방의 시각에 투영된, 겉모습뿐만 아니라 내면까지 인식된 모습이 본연의 나일 것이다. 아무리 나라고 주장해도 객관적인 평가에 의해 존재하는 나를 간과할 수 없는 일이다. 하지만 가당찮게도 인간미 있고 자신이 추구하는 이상적인 모습일 때라야만 사실을 인정하고 싶으니 이 무슨 아이러니인가 싶다.

캐리커처를 유심히 들여다본다. 가볍게 터치한 선마다 아들의 섬세한 눈빛이 살아있다.

꿩 사냥

낙서처럼 헝클어진 바람을 소리 없이 맨살로 맞는다. 손끝에 묻은 물방울 또한 시간을 지우듯 말끔히 닦는다. 잡다한 물건을 제자리에 앉히고 나니 한결 안정된 분위기다. 장식장 주변을 마무리하고 소맷자락을 내리는데 부드럽게 볼을 타고 흘러내리는 깃털을 보고 말았다.

발끝에서 잔잔히 흔들리고 있는 것은 저돌적인 자세로 비상하려는 박제된 꿩의 깃털이었다. 충혈된 눈빛은 아직도 날 쏘아보고, 부푼 듯 볼록한 가슴은 원망으로 가득 차 있는 듯하다. 슬그머니 두려움이 몰려왔다. 등줄기에 식은 땀이 흐르는 것 같아 문고리를 죄다 풀고 창문을 활짝 열었다. 답답한 가슴은 더욱 조여왔다.

"따~앙, 따따당… 푸드드득."

소란스러운 소음이 한순간 차단, 차단되면서 순식간에 몰려드는 그 날의 총성이 귓전을 따갑게 울렸다. 고개를 흔들면 흔들수록 더욱 크게 더욱 가까이 들리는 환청, 알 수 없는 울분과 고통이 뒤섞여 소沼에 휘말리던 그 날이 돋보기의 활자처럼 일어난다.

심란한 마음을 가라앉히려 가스레인지에 대춧물 담긴 주전자를 얹었다. 부글부글 끓어오르는 것이 마뜩잖다. 그 위로 참혹한 꿩의 영상이 뒤엉켜 붙는다. 마치 검붉은 피처럼. 떨어져 내린 하찮은 깃털로 마음이 어수선하다. 잊으려 애를 쓰면 쓸수록 선명히 떠오르는 그 날을 회상해 본다.

미처 물기가 가시지 않은 잎사귀들이 햇살로 아른거릴 때, 아침은 금속성 부딪치는 소리로 시작된다. 값비싸 선뜻 바꾸지 못했던, 몇 년 사이 고물이 다 된 경운기의 헛기침은 농민의 한숨 소리 같고 발정난 소란 녀석은 수시로 울부짖는다.

"형수, 오늘 함께 갑시다."

며칠 전부터 벼르던 날이 오늘로 당겨졌다. 시동생은 동네 친구들과 매년 이맘때면 겨울철 먹이를 구하러 민가로 날아오는 새 사냥을 했었다. 사철 중 겨울철의 새 맛은 일품이라며 먼 산허리를 바라보았다. 그들의 활발한 행동에 동참하기로 한 것은 나름의 자신에 차 있어서였다. 작업복 허리춤에는 잘 꼬여있는 새끼줄이 늘어져 달랑거리고 어깨에는 총이 매여 있었다.

탱자나무와 소나무 그리고 숱한 덤불을 헤치며 산길에 올랐다. 바스락거리는 낙엽에 묘한 흥분이 일고 숲에 들어설 때면 신묘한 기운에 휩싸였다. 꽤 무거운 총인데도 가볍게 여겨지는 것은 그 때문인가 싶다.

사냥을 떠나기 전 그들은 대청마루에 걸터앉아 정조준과 목표물에 대해 설명을 했다. 그러나 이따금 유원지에 들렀을 때 천원에 일곱 발의 탄환을 주는 사격 오락장에서 나름의 요령을 알고 있던 터였다. 점수가 꽤 잘 나와서 기분이 좋았던 그때를 생각하니 콧노래가 절로 나왔다.

큰 바위 아래로 산수가 시원스럽게 흘러내렸다. 나는 잡초더미 속에서 함초롬한 진분홍색 찔레를 바라보다 땅 위로 드러난 칡뿌리에 걸려 덜컥 앞으로 넘어졌다.

“쉿! 조용”

앞서가던 그들 중 하나가 날쌘 동작으로 무릎을 꺾었다. 순간 호흡을 누르고 사방을 둘러보았다. 난시인 내 눈에는 높게 뻗쳐있는 가지 끝 가녀린 잎사귀만 아른거릴 뿐 다른 무엇은 없었다. 그러나 세운 무릎 위에 팔꿈치를 꽂고 왼손으로 총열을 단단히 잡은 채 한 곳으로 겨냥하고 있는 그 모습은 분명 무엇인가를 발견한 것 같았다. 긴장감이 고조되던 몇 초….

“타앙, 타앙”

정적을 꿰뚫는 여러 발의 총알이 목표물을 향해 직진했다. 그와 동시에 여러 마리의 새떼들이 공중 높이 날아갔다. 휘파람으로 쾌재를 울리며 뛰어간 자리엔 조막만 한 참새 몇 마리가 맥없이 흐트러져 있었다. 순간 구역질로 배알이 틀렸다. 못 볼 것을 본 것 같은 당혹감과 역겨움이 엄습했다. 그들은 이미 숨이 끊어진 참새의 목을 꽉 움켜쥐고는 단단히 꼬아놓은 새끼줄을 벌려 푹 꽂았다. 시장에서 흔히 접하던 꽁지 다발 같았다.

그들을 뒤따르면서 산에 오르기 전의 오묘한 기분은 어느새 꼬리를 감추고 뭔가 잘못되어 간다는 생각이 들었다. 그러나 이미 산 깊숙이 들어온 터라 되돌아갈 엄두가 나지 않았다. 다만 사냥이 끝날 때까지 그들을 따라다녀야 할 고통만 남아있었다. 내 마음을 꿰뚫어 본건지 다음에는 내가 쏴보라는 눈짓을 한다.

적중하는 쾌감에 가려진 생명의 살상을 왜 미처 느끼지 못했던 것일까. 갈증이 났다. 환영의 무리를 떨치기 위해 물을 벌컥벌컥 들이켰다. 결코 내 탓이 아니라며 수차례 되뇌었다.

그들은 첫 성과가 좋았다며 다음을 위한 준비로 총열을 매만졌다. 엽총은 탄환만 장전하면 무수한 총알이 튕겨 나가 수월한데 공기총은 공기의 압력에 의한 것이기에 많은 신경을 필요로 했다.

총열을 땅바닥에 거꾸로 세우고 개머리판을 꽉 움켜잡은 채 가느다란 쇠막대를 압축구로 꾹 밀어 넣는 그들의 모습은 산의 기운을 제압하는 듯 강직했다.

몇 시간 전 바로 발아래서 강하게 치솟던 소리에 질겁하며 날아가는 꿩을 멀뚱히 본 후로 아무 기척도 없다. 일행은 참새 사냥으로 만족하자며 하산 길로 허리를 돌렸다. 참으로 다행이었다. 더는 참기 어려울 만큼 심신이 지쳐 있었다. 그러나 늘 예기치 못하는 곳에서 사고는 일어나는가 보다. 갑자기 몸이 뒤로 젖혀지면서 경사진 길로 미끄러졌다. 넘어지고, 미끄러지고….

바지에 묻은 흙과 건초를 털어내며 허탈하게 일어서려는 찰나, 난시인 내 눈을 의심할 여지도 없는 지척인 거리에 있는 꿩을 보았다. 꽁지를 하늘로 쳐들고 말라비틀어진 열매를 정신없이 쪼아 먹는 꿩을 본 순간 침이 꿀꺽 넘어갔다. 그건 천둥소리와 흡사했다.

내가 잘 따라 오리라고 믿고 있던 그들은 하산하고 있었기에 모른 척 뒤돌아서면 될 일이었다. 그러나 손은 어느새 총을 재빠르게 가슴으로 당기면서 침착하게 움직였다. 왼쪽 뺨을 총대에 꾹 눌러 붙여 오른쪽 눈을 가늠구멍 가까이 들이밀었다. 가늠구멍을 통해 나타난 가늠쇠에 조준선 정렬을 끝낸 다음 가늠쇠 정중앙의 돌출부위에 목표물의 2/3를 사뿐히 올려놓았다. 가슴이 두근거렸다. 가늠쇠 구멍 속에 나타난 꿩은 열매 줄기를 부리에 문 채 두리번거리기 시작했다. 마치 날 향해 "자, 쏴 봐." 하는 야유 섞인 눈빛마저 보내면서.

그 눈빛! 충혈된 붉은 눈 속에서 얼굴도 모르는 시숙의 모습이 보였다. 가난했던 옛 시절, 사격장 언덕 아래서 탄피를 주워 학용품을 마련하고자 했던 시숙은 붉은 깃발을 확인하지도 않고 불쑥 일어서다 무수히 날아오는 총알에 또 다른 과녁이 되어 비명횡사했다.

갑자기 시야가 흐려졌다. 물밀 듯 복받쳐 오르는 슬픔으로 꿩의 모습이 아른거려 바라볼 수가 없었다. 조용히 총을 내렸다.

"따~앙, 따앙."

고막이 찢질 듯한 총성이 바로 뒤에서 터져 나왔다.

"안 돼!"

아직도 구천을 떠돌며 방황하던 망자의 모습이 다시 과녁이 되어 쓰러지는 것을 보았다. 바싹 마른 갈잎과 흙먼지가 뿌옇게 오르더니 털썩, 쓰러진 망자 위에 꿩이 무너져내렸다.

그렇게… 그렇게… 꿩 사냥은 내 가슴에 멍에를 씌운 채 기억되고 있는 것이다.

휘어짐의 아름다움

'좌르르' 마치 구슬이 구르는 듯한 청아한 운율!

비닐하우스의 활대로 쓰기에 적당한 굵기의 대나무를 며칠 전부터 눈여겨보아 두었다. 오늘은 전기톱으로 그것들을 베는 작업을 한다. 그동안 청명한 하늘을 떠받치고 있던 대나무는 차례로 쓰러지면서 막혀 있던 하늘을 시원스럽게 드러내 준다. 그와 동시에 대숲이 와르르 무너지는 아찔한 느낌, 손끝에 미세한 떨림이 전신을 돌아 위기감마저 조성한다.

대나무를 다듬기 위해 억세게 매달려 있는 잔가지와 댓잎들을 우선 낫으로 쳐냈다. 단번의 낫질로는 질긴 가지가 떨어지질 않아 힘이 들었지만 하나 둘 차츰 미끈하게 드러나는 장대를 보니 만족스럽다. 산중턱을 휘돌아 나오는 바람이 미간에 맺힌 땀방울을 쓸어내면서 싱그러운 계절의 향기를 묻혀두곤 달아났다.

100여 개의 잘 다듬어진 장대는 고집스럽게 대숲에 누워 있다가 다부지게 낚아채는 바람에 성큼 일어섰다. 밭으로 옮기기 위해 장대 대 여섯 개를 어깨에 걸치자 휘늘어지면서 출렁거렸다. 중심을 잡으려 안간힘을 쓰며 걷는 모양새가 우스웠는지 주변에 있던 이웃이 껄껄댔다. 다소곳이 밟히는 댓잎의 부드러움을 감지하면서 빽빽한 대숲을 무사히 빠져 나왔다.

한 개씩 장대의 한쪽 끝을 밭 깊숙이 꽂아 일렬로 쭉 세워 놓고, 마주 꽂아가는 장대와 아치형을 이루기 위해 바싹 당겨 묶었다. 하늘로 곧게 뻗은 두 개의 곧은 직선이 조화롭게 맞물리자 이 계절을 한껏 포옹한 아름다운 곡선이 들판 가득 그어졌다. 여러 겹의 곡선이 이루어진 밭이랑에서 나는 부러지지 않고 휘어짐으로써 아름다움을 보여 주는 장대의 매력에 도취되었다.

매년 채소를 거두기 위해 비닐하우스 씌우는 작업을 했다. 그때는 장대의 휘어짐에 아무런 의미를 부여치 않았다. 아마 삶이 단순하고 인연의 고리가 느슨했던 까닭이었으리라. 하지만 지금의 나에게 휘어짐의 의미는 절실하게 피부에 와 닿고 있다.

살아가면서 이따금 외도의 기회가 우리 앞에 주어진다.

그럴 때면 로버트 프로스트의 시 〈가지 않은 길〉에서 보여주는, 또 다른 길로 접어들지 못했던 미련을 떨쳐 버리기라도 하듯 내게 주어지는 기회는 서슴없이 받아들인다. 그 길은 보편적인 삶과는 다른 존재가치가 있는 것이라 믿기 때문이다. 또한 삶을 충실하게 영위하기 위해서는 새로운 도전에 대한 열망을 가져보는 것도 좋을 것 같아서였다.

선택은 궁극적으로 자의에 의해서 행해지는 것이지만 전년도에 협회의 실무를 담당하는 기회가 오자 일에 대한 욕구가 샘솟았다. 아마 그 때부터 내 삶에서 휘어지는 또 다른 길을 선택했던 것 같다.

숲이 시작되는 잡풀 더미로부터 발돋움은 시작되었다. 새롭게 출발한다는 것은 언제나 희망과 불안의 평행선상에서 첫걸음을 떼게 마련이며 그로 인해 결연함이 따르기도 한다. 항상 최선을 다한 것 같으면서도 언제나 지내놓고 보면 아쉬움이 남는 시간이었지만, 그럴수록 실속 있어야 한다는 일념으로 열성을 쏟았다.

그러던 어느 날 분주하게 행사를 치른 뒤 주변을 둘러보았다. 덩그러니 혼자 서 있는 자신을 발견하고는 허허로움에 몸을 떨었다. 왠지 그 동안 아주 소중한 것들이 빠져나간 듯, 차츰 고갈되어 가는 감성에 시간을 거슬러 가고 싶었다. 게다가 무심히 지나쳐도 될 사소한 일을 심각한 상태로 보는 사람의 인성이 눈에 띄자 허탈했다.

상대방의 입장과 상황을 고려 해 보지도 않고 풍문에 따라 인격을 단정 짓는 경우에는 휘어짐으로써 발견되는 아름다움을 모르는 것 같아 안타까웠다. 진솔한 대화와 무한한 심정적 교류가 사람들 사이에 지속되고 있다면 얼마나 좋을까.

간혹 말의 유희에 농락당한 사연들이 깃털처럼 내게 날아오면 혼란스러워 밤잠을 설쳤다. 그러나 사람이 길을 떠나는 건 도착하기 위해서가 아니라 여행하기 위해서라고 괴테가 말했듯이, 저마다 주어진 역할에 최선을 다하는 것만이 그 과정을 극복하는 일이라는 것을 알게 된 것은 내게 소중한 체험이요 수확이었다.

일이 주는 즐거움, 그것은 일 자체만의 즐거움이 아니었다. 많은 사람과의 유대는 끈끈한 정으로 이어졌고, 지혜로운 사람과의 좋은 기억은 오래토록 남아서 보다 윤택한 삶을 꾸려갈 수 있었다. 그들의 변화무쌍한 삶의 형태들은 내 감성의 창고에 저장되었고, 그로인해 인성의 탑도 세웠다.

좋은 연을 맺게 된다는 건 참으로 축복된 일이다. 그 연은 휘어져서 아름다움을 보여주는 무지개 빛깔로도, 보다 뜻 깊은 훈향으로도 남게 되니 말이다.

매일 만나도 여전히 반갑고 안보면 궁금해지는 사이, 아무런 사심 없이 서로를 아끼고 사랑하는 이들이 이제는 내 곁에서 탄력 있는 삶을 선사하고 있으니 무엇을 더 바랄까.

속을 다 비우고도 부러지지 않고, 잠시 휘어졌다가 다시 제자리를 찾는 장대가 보여주는 양보의 미학! 얼마 남지 않는 소임을 잘 융화시켜 진실 된 시간을 꾸려가야겠다.

잠시 밭이랑에 앉아 혼자만의 변론에 심취하다가 흙 찜의 습한 느낌으로 자리를 털고 일어섰다. 이제 곧 장대 위에 비닐을 덮는 마무리 단계가 끝나면 청명한 하늘에서 고추잠자리가 누리는 자유를 낚는 채로도 이용하고, 볕 좋은 곳에 널어놓은 이불을 터는 것에도 사용할 튼실한 대나무 몇 개 잘 다듬어 가져가야겠다.

빈 식탁에서

프리지어 한 다발을 사 왔다. 유리병에 꽂고 향기에 젖어 본다. 그 향은 가슴을 에는 그리움을 불러들인다. 가슴 아려오는 것이 이런 것이라면 괜한 일을 한 것 같다.

가스레인지에 냄비를 올렸다. 멸치와 다시마 그리고 큼지막하게 썬 무를 넣고 국물을 냈다. 먹기 좋은 크기로 다듬어 놓은 꽃게와 새우, 홍합, 바지락, 꼴뚜기 등의 해물을 넣고 갖은양념을 풀었다. 몇 분간 끓였을까. 구수하고 얼큰한 냄새가 거실과 방 구석구석 퍼져나간다. 활짝 웃는 그 사람의 환영을 본다. 식성이 좋았는데….

식탁엔 아무도 없다. 이 시간에 누가 있을 리 없다. 그러나 퇴근 후면 어김없이 식탁에 와서 앉는 그 사람을 위해 저녁 준비를 미리 해놓던 습관이 쉽게 바뀌지 않는다. 외국과의 경계는 지도 위에서일 뿐이다. 아무리 먼 곳도 서로의 교감은 언제나 가능한 것이지만, 떨어져 있다 보면 사소한 습관들은 서서히 변해간다.

식탁에 앉았다. 서둘러 일을 하라고 재촉하는 사람이 없다. 기다린다고 천천히 하라는 사람도 없다. 시간의 틀 속에 갇혀 살다가 갑자기 내 것이 아닌 자유 시간을 어떻게 감당해야 할지 모르겠다. 익숙하지 않은 것에 두려움이 앞선다.

텅 빈 식탁의 모서리를 만져본다. 따뜻하다. 걸핏하면 모서리에 부딪혀 멍이 들던 나를 위해 미리 손을 갖다 대던 그곳에 그 사람의 정겨움이 묻어 있다.

종이 한 장을 가져왔다. 이따금 가사 일을 도와줄 때 하던 사다리 타기 게임을 하기 위해 선을 그어 본다. 세로로는 여섯 줄, 가로로는 세로의 선 사이사이에 많은 사선을 그었다. 세로의 선 끝에 청소기 돌리기, 물 떠오기, 빨래 개키기 등의 글 대신 상승과 추락, 승리와 패배, 욕망과 좌절을 썼다.

그 사람과 이어진 세로의 한 선을 선택해 쭉 따라 그으며 내려가니 의외로 선은 우회의 연속이다. 마치 예상치 못한 일들과 부딪히는 현실처럼 도달점까지는 예측을 불허했다. 그 선의 끝에는 패배라는 글이 나왔다. 그랬었다. 승진이 두 해나 늦어진 일로 견디기 힘든 긴 날들이 있었다. 청춘의 땀으로 얼룩진 세월의 보상을 냉혹하게 좌절시킨 현실 앞에 삶의 방향 전환을 갈등하기도 했었다. 그 사람의 결정을 무조건 따르기로 했지만 울분을 삭이고 참아내기까지는 많은 시간이 힘들었다.

기다림은 결국 상승의 기회를 얻게 해 주었지만, 승리에 따른 고뇌는 늘 따라다녔다. 회사방침에 따라 직원을 감원해야 할 때는 삼 년간 끊었던 담배를 다시 피웠다. 안주와 변화, 그 선택의 갈림길에서 고민하다가 급기야 인도네시아의 공장장으로 지원했으니 결코 삶이 만만치 않음을 다시 절감하게 된 것이다.

이번엔 나의 선을 선택해 따라갔다. 욕망이라는 글이 나왔다. 갑자기 까닭 없이 가슴이 답답해 온다. 사소한 것에 감동하고, 혹은 눈물짓고, 때로는 아름다운 것에 탄성을 지르는 감정에는 욕망이 똬리를 틀고 있기 때문일까. 그 욕망은 내적으로는 인간이고자 하는 자신에 대한 고뇌와 외적으로는 타인으로 말미암은 고뇌로 늘 일렁이고 있다. 시작도 끝도 없는 단지 과정일 뿐인 갈망의 자락을 놓치지 않는 나를 무심한 듯, 그러나 다정히 지켜만 보던 그 사람의 눈빛이 가슴을 저민다.

어느새 여덟 시가 넘어간다. 퇴근 시간이 훨씬 지나도 여전히 식탁은 비어있다. 고요하다. 적막이 두려워 텔레비전을 켜고 소리 나게 신문을 뒤적거린다. 심심풀이로 보는 운

세에는 마음이 우울하니 여행을 떠나라 한다. 어느 정도 나의 심리상태를 알아맞힐 때는 신통하기까지 하다. 무료한 시간은 그렇게 나를 끌고 다닌다.

해물탕을 맛있게 먹어줄 식구가 식탁에 앉아있지 않으니 허탈하다. 음식을 만드는 의욕이 상실되자 식욕도 사라진다. 냄비 뚜껑을 여는 것도 귀찮아진다. 그렇게 하루, 이틀….

이젠 식탁이 비어 있는 때가 다반사다. 아이들도 제각각 시간이 달라 식탁에서 함께하는 시간이 적다. 어떤 날은 엘리베이터의 미세한 소리에도 귀가 쏠려 현관문을 열어본다. 그러나 우리 집 현관 앞에서 멈춰야 할 엘리베이터는 그냥 스쳐 가고 만다. 올 사람은 당연히 문을 열고 들어올 텐데 왜 이렇게 예민해지는지.

아침이 오면 햇빛에 하얗게 빛나던 식탁. 그 속에서 깔깔대며 근심 없이 아이들과 함께하던 많은 시간이 그립다. 어쩌면 지루하리만큼 일상이 단조로워지는 것을 예견하기라도 한 듯 이렇게 서로 떨어져 있는 긴 시간 동안 많이 그리워하고 애틋한 마음 더 깊이 가지라고 그러는 것일까.

때로는 이성을 잃어버린 듯 춤을 추다가, 때로는 상념에 젖어 눈물을 보이는 내 감정의 기복을 어떻게 감당하라는 건지, 오늘처럼 비가 오거나 바람이 부는 밤이면 뜻 없이 현관문을 열어본다. 휑하게 불어오는 바람이 빈 가슴을 쓸어내린다.

식탁 위 프리지어 향이 저 홀로 향기롭다.

꽃을 닮은 사람들

무심한 바람결에도 가을 색이 묻어오는 날이다. 일 때문에 도시에서 산촌으로 분주하게 다니다 보면 뜻하지 않은 정취에 발걸음을 멈출 때가 있다. 신이 처음과 마지막에 만들었다는 코스모스와 국화가 어느새 들길에 가득 피어있어 그 자리에 붙잡혀 있을 때가 그렇다.

맨 처음 코스모스를 만들었지만 너무나 가냘프고 마음에 차지 않아, 이 꽃 저 꽃 여러 가지 모양과 색깔로 꽃들을 만들다가 마지막으로 빚은 꽃이 국화라고 하니 가히 꽃의 완성품답다.

이제 차츰 무르익을 가을 속에 더한층 두드러지는 자태로 많은 사람의 발길을 멈추게 하리라. 꽃을 바라보고 있으면 꽃의 마음을 닮아간다. 그저 아름답게 피어가려는 그 올

곧은 마음을. 그러고 보니 꼭 그와 같은 분들이 생각난다. 수줍게 고개를 흔드는 코스모스와 국화를 뒤로 두고 서둘러 센터로 향한다.

몇 년 전부터 나는 반송동 주민자치센터의 간사를 맡고 있다. 스무 명의 위원들과 진지한 토의를 거쳐 운영하는 센터 업무는 힘든 부분도 있지만, 많은 사람과의 교류가 있어 활력이 넘친다. 게다가 수강을 마치고 나오는 회원들이 만족해하면 보람이 있다. 그들은 자아실현을 위해 하루의 시간을 지혜롭게 조율해서 온다.

남녀노소 막론하고 새벽부터 줄을 서서 수강신청을 하는 그 열정이 놀랍다. 세상에서 가장 하기 힘든 일은, 건강할 때 건강을 지키는 일이라고 했다. 센터에 오는 사람은 자신을 가장 사랑하는 사람이었다.

다양한 프로그램마다 정원이 넘쳐 수강을 받지 못하게 될 때는 그저 미안할 뿐이다. 배우고자 하는 의욕을 떨어뜨리는 것과 같기 때문이다. 그러나 그들의 의지가 식지 않는 한 기회는 언제나 오리라 믿으며 마음을 다독인다.

헬스장엔 여러 가지 운동기구가 있어 건강미 넘치는 회원들로 붐빈다. 근육운동을 하는 회원도 있지만, 러닝머신 기계 앞에서는 줄을 선다. 대부분 걷는 운동이 부족하여 기계에 의존해서라도 걷기를 강행하는 것이다. 그들을 보면 튤립이 생각난다. 어떤 꽃보다 선이 볼록하면서도 뚜렷한 모양은 잘 단련된 근육을 방불케 한다고나 할까.

요가 교실에서는 유연한 스트레칭으로 뭉쳐진 혈을 풀기도 하고 명상음악을 통해 수행의 정신적 충족감도 가진다. 아주 천천히 그러면서도 흔들리지 않는 자세로 자신의 몸을 바르게 하는 그들은 난초를 닮았다. 반듯하면서 시원스럽게 뻗은 그 자태가 곧 그러하다.

이곳저곳의 강습을 눈여겨보고 있는데 땀에 젖은 회원이 다가와 허브차를 건넨다. 몇 년째 스포츠댄스를 한 육순 넘은 회원이다. 처음엔 수줍어하는가 싶더니 이젠 발표회에도 당당히 설 만큼 수준이 향상되었다. 언제나 미소를 지으니 나이는 숫자에 불과하다는 말을 절감하게 한다.

흥겨운 스텝을 밟으며 다시 교실로 들어서는 그분의 뒷모습은 인내 속에 피어나는 해국을 연상케 한다. 신산스러운 세월을 겪은 얼굴에는 주름이 남아 있지만 그게 무슨 대수겠는가. 거친 해풍에도 시들지 않고 벼랑에서 꿋꿋하게 피어난 한 송이 해국. 그분에게 주어진 남은 시간은 경쾌한 댄스음악처럼 신명이 날 것이다.

백이십여 명이 단정하게 앉아 신나게 부르는 노래 교실은 또 어떤가. 어제 오늘 받은 스트레스는 한 번에 날려버린다. 노래를 부르면 마음도 따라 즐거워지기에 슬플 땐 경쾌한 노래를 부르라고 했다. 건전하고 좋은 음악의 기운은 온종일 함께한다. 인간적인 어떠한 결함마저도 노래 속에 묻어버리면 다시 태어나는 기분이다.

매주 목요일마다 새로운 모습으로 거듭나는 그들은, 강이며 산이며 피는 곳마다 환한 세상을 열어주는 화사한 벚꽃을 떠올리게 한다. 화르르 피어나 온 천지에 행복을 뿌려주니 노래와 다를 게 뭐 있겠는가. 모두가 기쁨의 꽃을 피우기 때문이리라.

그런데 더한층 매력에 빠지게 하는 강습은 밸리댄스이다. 흔히 배꼽춤이라고 하는데 터키 고유의 춤이라고 알려져 있다. 다리나 팔보다는 신체 중심부로부터 퍼져나오는 동작을 할 때는 여태 쓰지 않던 근육에 무리가 따르기도 한다. 신체 각 부분의 유연한 동작은 여체를 가장 아름답게 표현하는 관능의 춤이다. 회원들과 몰입해서 배울 때면 화려한 의상을 갖춘 채 춤을 추는 무희가 된다. 그 모습은 마치 은밀한 부분을 살짝 드러내면서도 당당하게 피어나는 상사화 같다. 혼자서 추는 댄스처럼 저 홀로의 의연함이 있어서 더 그런지도 모른다.

한바탕 열정의 도가니에서 빠져나와 예쁜 손글씨 반을 들여다본다. 어쩜 이렇게 앙증맞고 귀여운 글체가 나오는지 신기했다. 붓으로 혹은 매직으로 한 획씩 그으면 사거리 맞은편에 있는 퓨전 음식점 간판 글씨가 되기도 하고, 구매의욕을 부추기는 선전 문구의 글씨가 되기도 한다. 농토를 정화하는 자운영처럼 예쁜 글씨는 사람의 마음을 자연스럽게 움직이는 마력이 있다. 한 자 한 자 배워가는 그들은 주변을 맑고 순수한 마음으로 물들게 하는 자운영을 닮았다.

옆 반에서 새어 나오는 영어 소리에 현시대에 가장 절실한 것이 언어소통이 아닐까 생각했다. 이웃집 가듯 쉽게 여행을 가는 이즈음 외국어 한 두 가지쯤은 기본이 아닌가. 세계에서 가장 어려운 글은 한글이라고 했다. 우리의 한글도 척척 하는데 외국어쯤이야 하는 자신감이야말로 모든 것을 가능케 한다. 기본적인 일상 언어를 영어로 열심히 배우는 그들을 바라보니 우리나라의 자긍심인 무궁화가 생각난다. 애국심이 있는 그들이기에 외국어를 선택했고, 어려움 속에서도 꿋꿋이 심기일전하는 그 심성은 피고 지고를 함께 하는 무궁화와 같다. 또르르 말려 낙화해서까지 결연한 의지를 보여준다.

배움을 주고받게 하는 것만이 나의 역할이 아니라 주민의 고통과 행복을 다 함께 나누어 가기를 연구해야 하기에 마음은 늘 바쁘다. 단지 배움터는 늘 그 자리 그대로 있으니 날마다 삶의 무게를 지고 가는 사람들의 사고가 달라지기를 염원해 볼뿐이다.

그들의 등짐을 잠시 내려놓게 하고 마음의 꽃씨 하나씩 건네고 싶다. 그래서 자연에서 향기를 뿜는 꽃들의 마음을 닮게 하고 싶다.

머문 자리

아들이 잠시 머물다 갔다. 보름 후면 전역이라 말년 휴가 차 온 것이다. 그동안 휑하던 공간이 며칠 동안 사람 사는 맛나게 들썩거렸다. 특별한 음식을 장만 한 것도 없건만 부산스럽게 주방을 들락거렸다. 아들이 떠나고 나니 그전 보다 더 휑하다. 사람하나 차지했던 공간이 이렇게 컸던가. 소리도 빠져나갔는지 진공 속처럼 이명이 울린다.

공허한 마음 다독이려고 파키라 나무둥치를 매만지다 깜짝 놀랐다. 화분에 시커먼 물체가 꿈틀거렸다. 어머나, 또 왔네. 놀라움과 반가움이 살짝 스쳤다. 며칠 걸러 잊을만하면 날아온다. 많고 많은 집들 중에 하필이면 우리 집에 오다니 참 희한한 일이다.

먹구름이 잔뜩 몰려 갑자기 소낙비 내리던 날, 어디선가 비둘기 한 마리가 후다닥 집안으로 들어왔다. 을씨년스런 날씨에 기분까지 음산하여 몇 번이고 내치려 했다. 그러나 그럴수록 엉뚱한 방향인 거실로 들어가 구석구석을 뒤뚱거리며 다녔다. 난감했다. 쫓고 또 쫓다보니 빗속으로 내치는 야박한 행동 같아 그냥 단념하고 말았다.

천천히 베란다로 빠져나간 새를 창을 통해 유심히 바라보았다. 새는 오소소 떨며 젖은 날개를 후루룩 털어낸다. 잠시 머물다 갈 요량으로 마땅한 자리를 찾는지 화분 몇 개를 건너기도 하고 주변을 서성거리기도 한다. 먹이를 찾는 듯 보여 과자부스러기를 휙 던져주니 부리로 콕콕콕 잘도 주워 먹는다. 내가 놀란 것처럼 저도 당황했겠다. 이제 쫓길 염려는 놓았는지 여유를 보인다. 그러다 산머루 같은 눈으로 나를 본다. 짙고 깊은 그 눈과 마주치자 가슴이 저릿해 온다.

긴박한 사회의 상황에 따라 재빠른 행동을 취해야하는 아들의 모습이 투영된다. 군대의 엄격한 체제와 훈련으로 몸과 마음이 강건하게 단련되었으리라 믿지만 늘 초조하다. 갑자기 몰아치는 폭우라면 저 새 마냥 어디든 피해 들면 좋으련만 우직스럽게도 사명을 다하느라 제자리를 떠날 줄 모른다. 옷이 흠씬 젖어도 그편을 택할 것이다. 언제나 제복의 상징을 의식하며 올곧은 정신력을 보여주지 않았던가. 괜한 노파심에 잠시 술렁이던 마음을 접는다.

내게로 날아 온 새가 은유를 던진다.

조금 전 새를 내치려 한 행동들에 후회를 한다. 막막하고 두려운 눈빛을 일찍이 알아차리지 못했던 탓이다. 비에 젖은 모습이 애처롭다. 새는 몇 번이고 고개를 들었다 놓았다 한다. 저를 쫓아내지 않아 고맙다는 뜻일까.

예고 없이 엄습한 날씨에 갈증이 난 듯 잎사귀를 타고 내리는 빗방울을 조조조 삼킨다. 이제 스르르 제 몸을 깊숙이 화분에 눕힌다. 휴식을 취하려나보다.

그 이후 잠깐씩 베란다 창틀에 걸터앉아 쉬었다 갔는데 어제 밤에는 기어코 방충망을 제 몸 만하게 뚫어 놓고 말았다. 따스운 햇살에 파키라 새순이 쏘옥 나온다. 그 촉음에 날개를 요란하게 파닥거린다. 녀석의 근사한 잠자리였던 화분을 손보려 하자 잽싸게 하늘을 차고 날아간다. 쫓아내려던 것이 아니었는데 갑작스런 침범에 놀랐나보다.

잠깐만! 다시 불러들여 모이라도 주고 싶건만 이미 시야에서 사라졌다. 마치 아들이 잠시 머물고 간 것처럼 새도 그렇게 가버렸다. 마음 한 구석이 휑하다. 기다릴수록 그리움이 더 깊어 간다. 어쩌면 조만간 또 날아와 나를 놀라게 할지도 모른다. 그러면 난 어쩌자고 방충망을 이 모양으로 만들었느냐고 꾸짖으며 반색하리라.

괴물과의 한판

천천히 몸이 흔들렸다. 어딘가로 깊숙이 빨려드는 것 같다. 치치~ 웅웅~. 요란하고 시끌벅적한 소리에 마음이 심란하다. 어떤 상황인지 자못 궁금했지만 눈앞에 펼쳐진 실체를 마주 볼 자신이 없다. 감은 눈을 더 질끈 감고 마음을 졸였다. 그런데 보는 것보다 보지 않을 때의 상상력은 두려움을 더 가중시킨다. 평정을 얻지 못해 내지르는 요란한 소리에 살며시 실눈을 떴을 때 나는 경악했다.

커다란 아가리를 가진 괴물이 나를 유린하고 있었다. 체액을 온통 내 몸에 뿌려대고 옆구리와 가랑이에도 사정없이 퍼부었다. 긴 혀로 구석구석을 핥아대는 강렬한 몸짓은 끔찍스러웠다. 그러다가 제 격정에 차오르는 허연 거품까지 게워내며 마구잡이로 휘갈겼다. 일방적인 괴물의 횡포에 온몸이 젖었다. 벼랑 끝으로 내몰리는 당혹감이랄까. 시종일관 손과 발끝이 저릿저릿했다.

미묘한 느낌, 그건 철저한 고립이었다. 아무도 없는 곳에 덩그러니 내 던져진 것 같았다. 순간. 그 누구라도 떠올라야 하는데 아무도 생각나지 않았다. 팍팍하고 불합리한 세상에서 위로의 대상이 선뜻 떠오르지 않음은 허망한 일이다. 아니 차라리 어쭙잖은 기억이 떠올라 견딜 수 없는 자괴감에 빠질 바에야 머릿속이 텅 비어있는 것도 나쁘진 않겠다. 착잡한 마음을 쓸어내듯 정신은 아득한 기류 속으로 쓸려갔다.

이따금 손 세차가 힘들 때 주유 후 2000원으로 가능한 자동세차장이 떠올랐다. 지저분한 얼룩 따위는 단 몇 분 내로 깔끔하게 처리되니 여간 편리한 게 아니었다. 하지만 밀폐된 공간에서 일어나는 기계장치가 겁이 나 여태껏 이용하지 않았다. 별 탈 없이 잘 되다가도 덜컥, 오작동에 의해 사고라도 난다면 속수무책으로 당할 뿐이었다. 뉴스에서도 비근한 예를 보도한 적이 있었다. 게다가 갑작스런 자동차 경적소리에도 머리끝이 쭈뼛하고 가슴이 철렁 내려앉는데, 시끌벅적하게 귓전을 울리는 소리를 어떻게 견딜 수 있을지 생각만 해도 무섬증이 일었다.

그러던 어느 날, 모험 해 보지 않고는 언제나 그 대상은 두려움일 것이라는 생각이 들었다. 또 시간과 효율성에서도 대부분이 선호하고 있으니 그 시류에 편승하고 싶기도 했다. 한 번이라도 맞닥뜨려 보고 포기하는 것과 해 보지도 않고 체념한다는 것은 자존감의 엄청난 차이였다.

불안한 심정을 알 리 없는 직원의 손짓에 따라 시동을 껐다. 기어를 중립에 놓고 나를 보호하기 위한 방책으로 창문을 끝까지 끌어 올렸다. 바람 한 줌 들어올 틈도 주지 않았건만 내 의지와 상관없이 괴물의 사정거리 속으로 들어간 것이다.

벌겋게 충혈 된 눈알로 나의 동태를 살피던 괴물은 여전히 난동을 부렸다.

웅 웅~~기계음에 곤혹스런 두려움이 연속되자 감정에 이상한 변화가 생겼다. 묘한 스릴과 흥분이 일고, 짜릿한 쾌감에 더 자극적인 것을 요구하고 있는 것이 아닌가. 아예 나를 뒤덮는 실체를 마주 볼 배짱마저 생겼다. 머리 위로 훌러덩 훌러덩 괴물의 흉물스런 갈기가 지나가도 담대하게 바라보았다. 물방울이 풍력으로 산산이 흩어 질 즈음엔 마음도 차분히 정돈되었다.

강한 자에게 약한 자는 늘 먹잇감일 뿐이다. 제 아무리 엄청나고 무서워도 당당하게 맞선다면 별것 아닌 것이 된다. 어둠의 장막을 걷듯 그 곳을 빠져 나오자 햇살이 그렇게 살가울 수가 없다. 괴물과의 한판은 결국 나약한 자신과의 싸움이었다. 고심하며 선택한 방법에서 공포를 극복하는 가능성도 확인한 셈이다.

조만간 난 또 괴물의 아가리 속으로 들어갈 것이다. 카르릉대며 위협하는 오만함을 보면서 겸손을 생각하고 자존의 균형을 잡을 것이다. 한판 승부에 혼탁한 정신도 세탁 되었으니 강도 높은 횡포도 마다하지 않으리라. 희열을 동반한 모험이 어디 흔한 일이던가.

밭둑을 걸으며

이른 아침에 밭둑을 걷는다.

발아래 밟히는 흙은 간밤의 비로 인해 매우 부드러워졌다. 갈증이 났던 대지는 해갈을 했음인가 싱그러운 초록 품을 내준다. 지나간 시간을 반추하며 남편과 함께 질척거리는 길을 애써 피하지 않고 묵묵히 걷는다. 편안하다. 온 마음이 촉촉하게 적셔지는 이 맑은 안식이 참 좋다.

그동안 습한 기후와 폭염이 사계절 내내 전부였던 인도네시아에서 생활해 온 남편은 철저히 고립된 외로움 탓이었는지. 긴장감으로 쌓인 건강이 염려되었는지 모든 일을 접고 집으로 돌아왔다. 남편이 집을 비운 긴 시간은 희뿌옇게 감겨오는 물안개와 같은 삶이었다. 무한대로 이어진 자유와 생각의 끝자락에는 항상 감성과 이성이 서로 팽팽하게 당겨지고 있었다. 정작 가야만 될 곳도 머뭇거리게 되고 작은 행동마저도 조심스러웠다. 새장 속에 갇혀 있던 새는 문을 열어 주어도 날아가지 못하는 것처럼 오히려 자유는 더 부자연스러웠다.

애틋하게 메일을 주고받는 일도, 가슴 시리게 밤을 새우던 일도, 담담하게 세월을 건너가고 있었다. 체온을 느끼며 살갑게 살아도 삐걱거리는 부부들이 있다는데 하물며 대화할 사람마저 곁에 없으니 감정은 황량한 사막과 같았다. 멀리 떨어져 있으면 마음도 멀어진다던 그 말이 조금씩 실감날 무렵이었다. 어쩌면 절실한 말일 수도 하얀 거짓말일 수도 있는, 힘들면 돌아오라는 말에 남편이 갑작스레 돌아온 것이다.

날마다 눈을 뜨면 내 곁에 있다는 사실이 실감 나지 않았다. 단지 뭔지 모를 막막함이 무겁게 나를 억누르곤 했다. 시나브로 그 무거움은 한기를 몰고 다녔고 저체온증이라는 이름으로 간간이 나에게 엄습했다. 남편의 품속을 파고들어도 물러서지 않는 한기가 뼛속까지 차고 드는 바람에 삶의 무력감마저 느꼈다.

뭔가 불안한 내 정서를 느꼈을까. 남편은 그늘을 드리워주는 나무로 조용히 서 있을 뿐이었다. 그 어떤 제약도 주지 않은 채 무한하게 배려해주고 포용하는 넉넉함이 오히려 부담되었다. 마치 불 위에 올린 고무처럼 온몸이 주체할 수 없이 오그라들었다.

알 수 없는 것이 사람 마음인가 보다. 출근했다가도 어둑해지는 하늘만 보면 보잘것없는 나 하나만을 기다리고 있을 남편이 생각나 바쁜 걸음을 재촉하여 집으로 돌아온다. 때맞춰 현관문을 열어주는 남편과 마주치면 휑하니 가슴이 시려온다. 뭘까 이 알 수 없는 허전함은.

이제야 알겠다. 남편은 쓸쓸한 자유인인 것이다. 피곤한 기색을 감추고 숱한 사람들을 상대하며 부대끼면서 겪었던 고초를 말끔히 내려놓았건만, 그래서 더없이 후련한 마음이 들었건만, 그는 어느 때보다 외롭고 쓸쓸해 보인다.

때로는 대립된 사고로 울분을 삭이지 못할 때, 살아온 세월의 기쁨보다 억누르고 맺혀 있던 감정만 내세웠는데, 그 가슴 치던 회한은 어디 가고 이렇게 연민하는지….

스스럼없이 주방을 드나들며 먹을거리를 챙겨주는 배려에, 권위적인 자세로 당당하던 모습이 정작 남편다운 모습이었음을 알게 된다. 자칫 일거리를 잃어버려 마음마저 허전해 있는 사람에게 사소한 것들을 부탁하려 하면 당연한 마음보다 미안함이 앞선다.

한동안 일손이 없어 그동안 이웃에게 대여해 주었던 농토를 되돌려 받아 각종 씨앗과 모종을 심는 일에 열성을 쏟는다. 자신에 넘쳐 사원들을 관리하던 시절은 그의 반생의 기억으로 저장되어 있을 뿐, 이제 자유롭게 남은 반생의 흔적을 남기려 한다.

덤으로 얻은 이 시간이 너무도 소중하다. 지난밤에 내린 비로 푸른 눈을 뜬 씨앗이 우리의 속내를 아는 듯 대지를 차고 오른다.

은빛 향수

골목길을 지나갈 때였다. 어디선가 구수한 갈치 굽는 냄새가 났다. 프라이팬에 기름을 넉넉히 둘러 튀긴 것이 아닌, 시골집 아궁이의 뭇대에서 구웠을 때 나는 그 특유의 냄새였다. 골목길 쓰레기더미 위에서 나처럼 입맛을 다시는 녀석과 마주쳤다. 도둑고양이다. 비닐봉지를 죄 뜯어 헤집어 놓은 것을 보니 냄새에 홀려 먹이를 찾느라 혈안이 되었겠다. 연신 혀를 날름거리며 날카로운 눈빛으로 나를 본다. 마치 주린 배를 채우기 전까지는 그 자릴 떠나지 않겠다는 기세다.

허잇! 허잇! 녀석을 내쫒으려 손짓 발짓으로 엄포를 놓았지만 별로 경계하지도 않는다. 무수한 사람들의 배척에 이골이 났는지 눈만 말똥거릴 뿐이다. 녀석을 무시하고 지나치려니 괜스레 오금이 저리고 등골이 오싹하다. 고양이를 별로 좋아하지 않는데다가 오래전에 대작대기로 사정없이 후려쳐대던 내 모습이 갑자기 오버랩 되어서이다.

이십 여 년 전의 일이다. 해 질 녘 들길에 이는 가벼운 바람이 사립문을 밀고 올 즈음이면 쇠죽솥에 여물을 푹 삶아내었다. 작두로 건초더미를 썰겅썰겅 썰면 응집된 풀내음이 풍겨 쇠죽 끓이는 일이 즐거웠다. 그날은 아궁이의 숯불을 부지깽이로 찬찬히 다독거려 못대를 걸쳤다. 어렵사리 마련한 갈치 토막을 그 위에 조심스럽게 올렸다. 꼬물꼬물 피어나는 냄새는 그 어떤 향기보다도 감미로웠고 차츰차츰 허기진 갈증이 풀리고 있었다.

당시 시골 생활에서는 시동생들 학자금 마련을 우선으로 최대한 근검절약을 해야 했다. 농토를 일구어 채식위주로 섭생하였기에 기름진 육고기는커녕 생선 한 마리 사들이는 일이 흔치 않았다. 꼭 필요치 않으면 주머니를 열지 않았다. 하지만 나는 채식만으로는 견디기 힘들었던지 목구멍이 가렵고 속도 메슥거렸다. 생선 한 토막이라도 먹어봤으면 하는 바람이 수시로 나를 억압했다.

하늘과 바람, 새와 나무, 꽃과 물소리가 아무리 좋다고 해도 내 목마름을 축여주기에는 부족했던가 보다. 일을 하다가도 목을 꺽꺽거렸다. 그럴 때면 뱃속에 회충이 생긴 것이라 하였다. 늘 채식만 하다 보니 그럴 만도 하다고 여겼다. 다급한 마음에 곳간에 널브러져 있는 볏집 몇 가닥으로 새끼를 꼬았다. 그것을 목에 두르고 있으면 괜찮아 진다고 하니 속이 메슥거릴 때마다 목을 감았다. 오죽하면 목구멍에 솔질이라도 하고 싶었을까. 그로인해 목 주위는 늘 발갛게 부어올랐고 심하게 가려웠다.

그러던 중 시부모님이 외출 하는 일이 생겼다. 무슨 생각이 났던 걸까. 나는 무턱대고 광주리에 낫을 담고 밭으로 나섰다. 돌아오기 전에 바삐 할 일이 떠오른 것이다. 서둘러 잔 파, 상추, 시금치의 밑동을 베어내고 미나리꽝으로 내려가 한 대야 가득 미나리도 베어왔다. 개울물에 대충 흔들어 씻은 후 인근의 장터로 갔다. 좌판에 펼쳐놓은 채소들은 미쳐 진잎을 가려놓기도 전에 찬거리 마련하러 나온 아낙들의 장바구니에 서둘러 옮겨갔다.

자글자글 갈치 익어가는 냄새가 이웃집 담장을 넘어가는지

"허이고 이게 무신 냄새고 참말로 좋데이~"

"그렇지 예. 지도 참말로 좋심더. 냄새만 맡아도 속이 후련한 것 같네 예"

맡아 본 사람이면 알지만 갈치 냄새는 정말 잠든 후각을 능히 깨우고도 남지 않은가.

"너거 시어메가 사지는 않을 긴데 웬 일이고~"

"그냥 예~"

더 이상의 말을 할 수가 없었다. 이웃 할머니도 내 상태를 들어서 알고 있었겠지만 맘대로 밭작물을 내다팔아 생선을 마련하리라고는 짐작조차 하지 않았을 게다. '그냥'이라고 얼버무린 말 속에는 내 맘을 헤아려 주었으면 하는 바람과 곤란에 처했을 때 옹호해 줄 말 한마디 기대한 것이었다면 가당키나 한 걸까. 어쩌면 야단을 맞을 수도 있어 가슴을 졸였다. 하지만 잠시 후 도톰한 갈치 한 토막을 먹게 되는 설렘이 두려움을 덮기에 충분했다. 아궁이 앞에 오도카니 앉아 그토록 절실했던 냄새를 한껏 들이켰다. 그 냄새가 퍼져 나가는 반경 안에 있는 들고양이가 슬슬 다가오고 있는 사실도 미처 깨닫지 못한 채….

갈치 굽는 냄새는 들에서 툴툴거리는 고장 난 경운기 소리를 묻어주었다. 농자금 대출 빚에 찌들려 술독에 빠져 사는 칠복아저씨의 시름소리도, 메케한 농약냄새도 묻어주었다. 적어도 내게는 엉겼던 것을 풀어내고 녹여주는 위안의 대상이었다.

"앗!"

순식간이었다. 감상에 젖어 잠시 한눈 판 사이 들고양이가 갈치를 덥석 물고 갔다. 가슴이 철렁 했다. 눈에 불을 켠다는 것이 어떤 것인지 실감했다. 잽싸게 달아나는 녀석들을 향해 부지깽이와 빗자루, 대작대기 등 눈앞에 보이는 대로 잡고 냅다 후려치고 던졌다. 그러나 빠르기가 비호같다. 털 끝 하나에도 분노가 가닿지 못했다. 어떻게 마련한 건데, 여지껏 한 토막도 마음 놓고 먹어보지 못했는데, 네 녀석들이 어쩌자고…. 억울하고 분했다. 삽시간에 나뒹굴어져 있는 못대를 쳐다보는 내가 한심하고 처량했다.

녀석도 나처럼 생선이 절실했던 것일까. 그래서 나의 기대를 박살내고 목적을 달성한 것일까. 호시탐탐 긴장을 늦추지 않았을 녀석의 두둑한 베짱이 얄밉기보다는 오히려 부러웠다. 한바탕 소란피운 자리에서 그 기막히던 냄새가 가물가물 사라져갈 무렵 식구들이 들어섰다. 분명 냄새가 나돌았는데 아무도 내색 하지 않았다. 간간이 꺽꺽 거리는 내 목소리만 공명되어 산동네를 울렸다.

그런데 그 다음날 저녁 부엌에 갈치 두어 마리가 놓여 있었다. 어떻게 된 일일까. 이웃 할머니가 귀띔이라도 한 걸까. 이런저런 상상을 할 겨를도 없이 못대를 들고 아궁이로 향했다. 그날 저녁, 은빛비늘이 산화하는 냄새가 온 천지에 진동 했다.

"큰 애가 숫증을 앓고 있었는가 베요. 어지간히 힘들었던지…."

설거지를 막 끝내고 대청에 올라설 때 두런두런 애기소리가 들렸다. 저녁나절 집으로 돌아오다 시금치 밭에 있는 고양이가 하필 눈에 띄었다. 행여 작물이 훼손될까봐 손사래를 쳤더니 먹던 갈치 내동댕이치고 휑하니 달아났다. 대

문으로 들어설 때 나는 냄새로 단박에 낌새를 알아차렸다. 그 소릴 듣는 순간 얼굴이 화끈거렸다.

정성껏 기른 작물을 자분자분 솎아내야 하는데 무작위로 베어 냈으니 얼마나 난감해 했을까. 푸성귀 한 움큼 팔기 위해 사람의 뒤꼭지를 열두 번도 더 쳐다봐야 한다는데 내 잇속을 챙기기 위해 헐값에 왕창 처리했으니….

골목에 버티고 있는 녀석이 제 조상과의 사투를 벌인 나를 기억하고 있을까. 황망하게 사라져가는 냄새 따라 흔들리는 내 의지를 겨우 곧추세우던 눈물겨운 밤을…. 녀석을 내치려는 것을 단념하고 가만가만 녀석의 곁을 지나간다. 본능적인 식욕을 내 어찌 제어할 수 있겠는가. 미치도록 그리운 것이 가까이 있다면 서슴지 말고 취할 수밖에.

그러고 보면 내게는 냄새보다 기억하기 쉬운 것은 없는 것 같다. 보는 것과 듣는 것의 단기적인 기억은 금방 사라져 버리지만, 냄새는 강렬한 이미지와 감정을 자극하기 때문에 진한 향수를 불러일으킨다. 그래서 그 어떤 사물에 담긴 냄새로 기억을 반추하는가보다.

시금치 밭에서 바싹 말라버린 그것은 눈물겨운 은빛 갈망이었다.

그리운 마음따라

"이 여사, 오늘같이 봄비가 추적추적 내리는 날에는 아름다운 연인들이 생각납니다. 우산을 받쳐 든 남녀는 파도가 넘실대는 방파제에서, 혹은 바위 뒤에서 서로를 바라보며 사랑의 눈빛을 확인하고는 깊은 포옹을 하겠지요. 그들의 모습을 가만히 생각해 보면 참으로 아름답고 낭만적이지 않소. 몰래 만나서 나누는 사랑. 그 애틋하고 설레는 감정들이 우리들 가슴에 조금이라도 남아 있다면 그것은 참으로 삶을 새롭게 하고 더욱더 싱그럽게 할 것 같소이다.

여긴 곧 매화가 개화하려 하오. 홍도화도 제법 꽃봉오리가 맺혔소이다. 언제 한 번 시간 내어 농원에 들러 그토록 아름다워하던 꽃길을 한 번 밟아보오."

모처럼 봄비가 감성을 촉촉이 적셔주던 날 농원을 운영

하는 K 시인에게서 편지가 왔다. 통상적인 안부를 물으면서 때로는 계절이 담겨있는 아름다운 한 편의 시를 읊어주는 K 시인은 그렇게 감정이 풍부한 분이었다. 그동안 안부 전화를 못 드려 죄송했는데 편지를 받고 보니 더욱 민망했다.

작년 4월경 K 문우랑 농원에 들렀을 때, 그토록 화려한 꽃의 축제는 일찍이 보지 못했다. 순간마다 탄성을 지르는 나에게 언제든지 농원에 와도 된다고 하였지만 이렇게 1년이 지나도록 무심했으니….

K 시인은 유유히 흐르는 물과, 구름 한 점, 바람에 나부끼는 마른 나뭇잎 하나에도 그들이 가지는 의미를 찾아 시를 지어 들려주었다.

누군가에게 나라는 존재가 잊히지 않고 기억되고 있다면, 그로 해서 나를 그리워하고 만나면 즐겁고, 나로 인해 울적한 마음 거두어질 수 있다고 말한다면 얼마나 즐거운 일일까.

문득, 몇 년 전 내 가슴에 소리 없이 내리는 눈처럼, 어떤 이에게로 향하는 그리움을 몰래 키워갔던 그 날들이 되살아난다. 그 그리움은 존경심에서 우러나온 것이었으나 차츰 흠모하는 마음으로 물들었다. 삶에서 파생되는 잔잔한 기쁨 속에서도 그 사람이 문득문득 떠올랐고, 슬프거나 우울한 날엔 어김없이 내 곁에 위로의 대상으로 불러들였다.

그리움이 너무 간절하여 노을처럼 단풍처럼 끓어오르는 감정에 복받칠 때면, 무작정 그 사람 가까이 다가가 서성이기라도 해야만 마음이 안정되었다. 행여, 굳게 닫힌 문일지라도 나를 향해 열릴 것 같은 설렘이 있었고, 멀리서 조바심치는 내 모습을 지켜볼 것 같은 부끄러움도 있었다. 하지만 혼자만의 가슴앓이는 초조하거나 불안한 기색이 드러나지 않아서 좋았다. 오히려 밤마다 끊임없는 질문의 되풀이를 통해 고통과 불안을 홀가분하게 벗어 던져버리기도 했다.

고적한 공간이나 어둠, 그 끝엔 항상 그 사람이 서 있었다. 그가 서 있는 끝 길로 다가설수록 닿지 않는 안타까움은 차츰 고요 속에 나를 내맡길 때라야만 마주 볼 수 있음을 깨달았다.

어떤 날에는 만나지 못할 줄 알면서도 만나러 가고, 부르지 않아도 마냥 기다렸다. 내게 눈길조차 주지 않아도 그저 좋을 뿐이었다. 그리움의 노래를 혼자 읊어대는 것만으로도 행복해했으니까.

간혹 가위에 눌려 고통의 밤을 지새우고 나면 산그늘 내리듯 그 사람 어깨에 살포시 내려앉아, 그동안 묵혀 두었던 간절한 한마디 말은 하고 싶었다. 그 말 한마디는 달무리지듯 번져 갈 테니. 그러나 돌아서면 정작 하지 못한 말에 대한 아쉬움이 클 것 같은 두려움도 있었다. 그 어떤 말도 하고 나면 그보다 더 절실한 말이 떠오르니 말이다.

아무리 진실이 담겨있고 순수하다고 할지라도 소리되어 나오는 말은 알맹이 빠진 껍질처럼 허무함이 밀려들게 분명했다. 그냥 말없이, 땅속 깊이 스며들어서 나무나 풀들의 뿌리에 다가서는 물처럼 그렇게 그 옆을 서성이고 싶었다.

소리 없이 내리는 어둠이 날 감싸 안을 때 독백을 읊조렸다. 혼자만의 독백은 공허를 메우기 위함이었을까. 비워 놓기 위한 것이었을까.

어쩌면 그것은 좌절과 슬픔을 초월할 수 있는 그리움을 익혀가는 것이기도 했다.

아마 어둠을 풀어헤칠 수 있다면 그리움으로 삭혀 둔 숱한 말들이 우수수 떨어지리라.

그때의 번민과 아픔을 부질없는, 허황된 망상이었다고는 생각지 않는다. 그리움으로 익혀진 침묵은 지혜와 여유를 안겨 주었으므로.

삶도 인생도 결국 어떤 하나의 이야기가 아닐까 싶다. 그래서 만남을, 그리움을, 이야기를 섬세히 엮어가는 것인 줄 모른다. 그것은 곧 자신의 삶과 인생을 위하는 길이 되기도 한다.

아무런 의미도 없이 나와 한 번이라도 만났던 사람은, 그 만남이 이루어지기까지 우연은 아닐 것이다. 서로가 아주 오랫동안 그리운 마음이 은연중에 흘러서 인연의 끈을 당겨서 만난 것이라면, 내게 있어 그 감정은 절대 헛되지 않을 거라고 생각한다.

그래서였을까. 그 사람이 나에게 그 어떤 것도 해 줄 수 없는 것도 알고, 나 또한 그 사람에게 요구할 그 무엇도 없으면서 그저 막연하게 그리움의 꽃을 피워갔던 것은….

이젠 내 인생의 한 부분에 빗금 쳐진 흔적으로 고요히 남아 있을 뿐인 기억들. 그 기억 속에 소중히 간직된 아름다웠던 내 감정을 사랑하고 있다.

빗방울 마다 실려 오는 목련꽃 내음과 봄의 향기가 속속들이 파고든다. 이 비가 그치면 녹음의 숨결과 바람의 말까지도 가슴 가득 채울 수 있는 농원에 한 번 다녀와야겠다.

나를 기억해주는 K시인에게 고맙다는 인사도 할 겸.

3부

낯선 곳에 가고 싶다

나는 가고 싶은 곳이 많다. 구본형 씨처럼 '낯선 곳에서 아침'을 맞고 싶다. 여행 다녀온 친구가 에피소드를 전해줄 때면 그곳으로 가고 싶다. 인문학 강의를 듣던 중 유럽의 어마어마한 규모와 조각상, 그리고 미술품 앞에서의 경외감을 전할 때면 그곳에 가고 싶어 몸살이 난다. 바티칸 성당에 정말 예수상이 없는지, 천장과 맞닿은 지하에는 베드로의 관이 있는지 직접 가서 확인하고 싶다.

중앙아시아의 로마로 불리는 사마르칸트에 한국어 강사로 가있는 문우가 있다. 그녀는 가끔 그곳의 생활상과 유적지를 이메일로 들려준다. 이슬람 교리와 학문을 가르치는 학교인 시르도르 메드레세. 그 천장에 그려진 크고 작은 천장화는 우아함과 예술적인 측면에서 우즈베키스탄 최고를 자랑한단다.

흥미로운 명소와 볼거리가 즐비한 그곳이 궁금해 관련책자를 뒤적이다 보면 풍부한 물과 일조량으로 생산된 각종 과일과 견과류, 치즈, 밀, 빵, 향신료 같은 것을 주로 거래하는 곳인 바자르를 걷고 있는 나를 보게 된다. 어느덧 그녀와 함께 달콤한 체리를 먹으며 도시 전체가 움직이는 거대한 박물관인 사마르킨트를 여행하고 있는 것이다.

지난여름, 파리의 물랑루즈를 언뜻 스쳐 지나간 아쉬움이 늘 붉은 빛 선연한 그리움으로 남아있다. 뜨거운 태양아래서 부드러운 와인을 마시며 소통하던 그들의 모습과 에트르타 해변에서 만난 갈매기의 울음소리가 마치 모파상의 소설 '여자의 일생'의 주인공인 잔느의 울음인양 가슴 아릿했던 순간들은 낯선 곳에서 만난 떨림이 아니었던가.

낯선 곳에서 나의 내면에 웅크리고 있는 외로움과 대면하고 싶다. 사유의 깊이가 더해지는 호숫가도 거닐고 싶고 붓끝으로 심상을 펼친 화랑도 들러보고 싶다. 혹여 민속공예품과 맞닥뜨린다면 그들의 문화도 알아보고 일맥상통하는 부문도 확인하고 싶다.

거리에 동상처럼 서 있다가 갑작스럽게 퍼포먼스를 펼치는 행위예술가를 만나면 기꺼이 악수를 하고 약소한 성의도 건네고 싶다. 굳이 멀지 않아도 좋다. 가까운 곳이라도 찾아가서 그때마다 새로움을 발견하는 맛을 보고 싶다. 눈에 띄지 않는 한 귀퉁이에 소담하게 자리한 유적지를 만나면 영혼의 고향이라도 발견한 듯 마음이 끌리리라.

간혹 낯선 마을을 돌다가 꼬불꼬불한 돌담길에 작고 큰 돌이 조화롭게 쌓여있는 것을 본다. 쓸모없어 보이는 모난 돌도 그 틈에 끼어 제 몫을 톡톡히 하고 있다. 그 앞에 서면 오래 전 이와 똑같은 것을 본 것 같은 데자뷰가 일어 이내 익숙하고 편안해 진다. 그럴 때면 수없이 오고갔을 발자국 소리와 그들의 웃음과 한숨, 꿈과 눈물이 감각을 통해 고스란히 스며든다. 숨어있는 감성이 천천히 고개 들어 낯선 존재들을 한량없이 품어 주는 것이다.

느린 걸음으로라도 세상 곳곳을 다녀보고 싶다. '장소를 바꾸기 위해서가 아니라 생각을 바꾸고 삶을 바꾸기 위해 떠나라' 는 말처럼 무연히 떠나고 싶다. 낯선 곳을 거닐다 보면 삶을 향한 열정과 희망이 가슴속에서 솟구치리라.

칸칸이 푸른 밤기차가 스쳐 지나가면 미지를 향한 그리움이 대책 없이 이글거린다. 어디로든 떠나고 싶다. 낯선 곳에 가고 싶다.

24시간의 변주곡

바람은 사나워지고 비까지 퍼붓는다. 가는 곳이 곧 길이 된다던 몽골의 초원. 그 길 위에서 생기와 열정을 찾고 싶어 가방을 꾸렸다. 초원에서의 정취는 아주 각별할 것 같은 기대를 안고 인천공항에 당도했다. 6,7월이 성수기이고 이맘때 쯤 나담 축제가 열리는 기간이라 몽골로 향하는 여행객들이 의외로 많았다.

오후 7시30분발 출국 수속을 밟으려 대기 중이다. 인솔자가 없는 관계로 여행사 직원의 안내를 기다렸으나 어쩐 일인지 감감 무소식이다. 시간이 흐를수록 잦아지는 동료들의 두리번거림에 한껏 부풀어 올랐던 마음이 별안간 불안하다. 한참을 기다려도 우리 중 누구의 이름도 부르지 않는다. 동행할 팀은 이미 게이트를 빠져나갔는데 우리만 쳐져 있다. 시간은 촉박한데 아직 티켓도 받지 못하다보니, 여차하다간 비행기를 놓칠 것 같아 직원에게 서둘러 달라고 부탁했다. 우리들의 이름을 대조해보던 직원은 연신 머리를 갸웃거리더니 아뿔사! 여권이 접수되지 않았단다. 그럴 리가. 아침만 해도 분명 지역여행사로부터 일괄 처리되었다는 연락을 받았지 않은가. 그런데 난데없이 여권이 분실되었다고 하니 참으로 어이가 없고 황당했다.

여행에 대한 설렘은 어느새 혼란으로 소용돌이치기 시작했고, 무엇보다도 국내 명성 있는 여행사에서 어떻게 이런 일이 생길 수 있는지 납득이 가지 않았다. 사실 여권을 분실했다는 말보다 오늘 당장은 몽골을 갈 수 없다는 낭패감에 더욱 맥이 풀렸다. 인파에 밀려 탑승 게이트 안으로 총총히 빠져나가려던 우리들 모습은 환영이었던가.

그동안 끝없이 펼쳐진 초원을 동경하고 밤하늘의 무수한 별들이 가슴으로 후드득 떨어지는 상상을 하면서 이 날을 기다려 왔다. 여행 일정을 조정하고 며칠간의 부재로 인해 쌓여질 일거리를 앞당겨 해 놓느라 여간 고심한 게 아닌데, 이런 차질이 생기다니 이 무슨 변고란 말인가.

무의미한 시공을 채우고 있는 공항의 공기를 가로질러 여행사 직원의 목소리가 들려왔다. 여행사 측에서는 최종 점검 후 인계 하지 않고 휴무에 들어간 직원의 실수라며 연신 사과를 했다. 도저히 용납할 수 없는 변명 같았다. 개인의 사소한 실수로 용인하기에는 그들의 업무체계에 문제가 있다고 판단했다. 만약 인생을 좌지우지할 만큼 중요하거나 다급한 일로 이번 비행기를 꼭 타야만 하는 사람이 있었다면, 그 막대한 피해를 어떻게 보상할 수 있을 텐가. 현재 상황을 점점 더 확대해석하다보니 심각해지고 심란했다.

당황한 우리만큼 그들도 안절부절못했다. 여러 곳을 수소문 하고 계속 전화를 해댔지만 명쾌한 답이 나오지 않았다. 결국 여객기는 우리의 바람을 저버리고 빗속을 지르며 휑하니 날아갔다. 망연자실. 공항에 온전히 버려진 참담한 기분이었다. 그들의 무책임에 분노가 일었다. 허나 언성을 높여 항의 해본들 소용없는 일이었다. 오늘이 아니면 내일의 가능성을 열어보기도 했지만 문제는 여권을 찾는 일이 급선무였다.

패닉상태인 고객들을 바라보는 그들의 속도 꽤나 탔을 텐데 침착하고 태연해 보였다. 그러면서도 아주 공손하게 차선책을 내놓았다. 동남아와 제주여행을 해 보는 것이 어떻겠냐고, 여행경비는 일절 여행사측에서 부담하겠다고, 하지만 이미 불신의 골이 자리 잡고 있는 터라 다른 여행상품에 대한 이야기는 귀에 들어올 리가 만무했다. 한시바삐 여권을 되찾아 갈 수 있다면 오로지 몽골 행을 원할 뿐이었다.

창가엔 소란하고 왁자한 분위기를 죄 덮어버릴 기세로 비는 거칠게 내렸다. 심드렁하게 배를 내민 가방을 그들이 마련해준 호텔방에 가둬놓고 밤거리로 나왔다. 미적지근한 기분을 단번에 날릴 것이 필요했던 우리에게 혀끝을 톡 쏘는 불닭과 알싸한 알콜은 일등공신이 되었다. 도드라진 감정이 차츰 누그러지자 이 또한 여행에서 체득하는 묘미가 아닌가 싶었다.

다음날 아침 우리는 어디든 떠나야만 했다. 연이 닿지 않는 곳이라면 미련을 떨칠 줄도 알았다. 게다가 여행사에서 제주도 여행을 보상책으로 마련해 준다니 그것으로나마 위안을 삼기로 했다. 설혹 여권이 분실되어 찾지 못하더라도 그들의 방안이 있을 터, 괜한 기우는 버리고 국내선을 타기 위해 부지런히 김포공항으로 갔다.

모든 것은 마음에서 비롯된다더니, 뒤숭숭했던 어제의 일들을 말끔히 털어내고 어느새 우리는 제주도의 비경을 들먹이며 희희낙락했다. 그리고는 출구로 나가기위해 대열에 나란히 섰다. 제주행 비행기가 이륙하기 딱 15분 전이었다.

그때였다. 여행사측에서 연락이 왔다. 여권을 찾았단다. 오늘 저녁에는 몽골 행 비행기를 탈 수 있다고 한다. 순간 머리가 멍 해왔다. 겨우 마음에 평정을 찾았는데, 또다시 혼란이 일었다. 그러나 분명한 것은 제주도가 아닌 몽골로

가야한다는 사실이었다. 갑자기 짐을 찾기 위해 일사천리로 우르르 몰려가 수화물 확인서를 받고, 곧 이륙하는 비행기를 잠시 지체시켜 가방을 찾고, 이층에서 일층으로 지하로 숨 가쁘게 뛰어다녔다. 얼마나 마음 졸이며 뛰어다녔는지 등줄기에 땀이 흥건했다.

다시 인천국제공항으로 향하는 지하철을 탔을 때는 급작스런 상황전개에 모두가 지쳐버렸다. 마치 누군가에 의해 빠르게 오르내리기를 조종당하는 것 같아 나도 모르게 흠칫했다.

하루 24시간, 그 동안 무슨 일이 일어났던 걸까. 황당하고 어처구니없는 일에 우리의 모습은 참으로 다양했다. 더러는 논리적인 사고로 예시를 들며 항의 했고, 더러는 즉흥적인 직관으로 몰아세우기도 했다. 완벽하기를 원했고 섬세하기를 종용했다. 심적 물리적 피해에 합당한 보상을 해야 한다고 했다.

그런 모든 소리까지 당연한 듯 공손히 듣고 있는 그들이 한편으로는 안쓰러워보였다. 비에 흠뻑 젖기도 하고, 끼니를 거르면서도 우리의 비위를 맞추느라 안간힘을 쓸 때는 이 시대 가장의 모습을 보는 듯 마음이 쓰였다.

옳고 그름을 따지기 전에 여유를 가지고 초연하게 대처했더라도 지금의 결과와 같았을까. 항의에 따른 그들의 어쩔 수 없는 처방이라면 씁쓸하기 그지없지만, 애당초 여행사 규정에 따라 처리될 것이었다면 좀 더 아량 있고 느긋한 모습 보여주지 못한 것 같아 부끄럽다.

어쩌면 그 시간에 떠나서 만나는 모든 것들은 우리와의 인연이 아니었던 게다. 그래서 이렇게 하루를 비껴가는지도 모른다. 이 보다 더 놀랍고 난처한 일이 또 닥친다면 분명한 것은 지금보다는 좀 더 성숙된 모습을 보여주지 않을까 싶다.

이제 되었다. 한시름 놓았다. 저녁이면 그토록 기대하던 몽골, 그 넉넉한 대 자연의 품으로 가게 된다. 이 번잡한 상념과 지친 심신을 초원위에 혼곤히 풀어 놓을 수 있게 된다.

위로 받으리라. 야생화의 향기에 갇혀 오래토록 평온하리라.

호르당!

말이 달린다. 어린 마부의 외마디에 초원의 숨결이 흔들린다. 야생화도 들풀도 긴 어둠의 자락을 걷고 부스스 몸을 턴다. 흙먼지가 안개처럼 피어난다. 말발굽 소리 따라 내 가슴이, 허리가. 엉덩이가 요란하게 뛴다.

쿵쾅거리는 심장의 박동에 두려움과 흥분이 뒤범벅된다. 고삐 잡은 손에 땀이 고인다. 말의 움직임 따라 리드미컬하게 몸을 움직이려 했으나 생각대로 잘되지 않는다. 츄, 츄, 말 옆구리를 차며 먼 태곳적 조상의 기개를 떠올린다. 비로소 유목의 피가 스멀스멀 돋는다.

몽골에 와서 말 타는 재미에 푹 빠졌다. 몽골여행 일정 중에 말 타는 체험이 있다. 일정표를 볼 때만 해도 그냥 초원에 펼쳐진 능선을 한 바퀴 돌겠거니 생각했다. 하지만 레

프팅 목적지인 톨 강 까지는 한 시간정도 말을 타고 가야했다. 오래 전 승마장에서 잠시 말을 타 본적은 있지만 환경과 상황이 달랐다. 그래서 가급적이면 순한 말을 타고 싶고 마부도 유순한 사람이길 바랐다. 그런데 늙수그레한 마부가 짙은 갈색 말을 내 앞에 내밀며 다가왔다. 영락없이 마부한테 내가 선택된 셈이다.

배정받은 마부들의 인상을 살피는 일행들의 표정도 재미있다. 나의 마부는 우직하고 거칠어 보인다. 하지만 말을 조종하는 데는 능숙했다. 안장을 정리하며 나를 힐긋 본 후론 한마디 말도 하지 않았다. 약간 떨어져 앞서 갈 때도 굳게 다문 입술이 믿음직스러웠다.

제법 잘생긴 백마를 탄 일행은 곤혹스런 표정이다. 제멋대로 대열에서 이탈했다. 마부가 채찍을 휘둘러도 꼼짝도 않는다. 말도 제 인물 값한다고 빼기나 싶으니 웃음이 났다. 인가를 지나고 숲을 지나고 언덕을 넘을 때까진 그나마 평탄한 길이었다. 그러나 말의 허벅지까지 차오르는 강을 건널 때는 스릴 있고 짜릿했다. 첨벙첨벙 무턱대고 걷는 것이 아니라 말 탄 사람의 안전까지 고려하는 듯 천천히 발을 내딛을 때는 감격스러웠다. 흐드러지게 피어난 야생화 향내가 물방울마다 톡톡 터졌다.

어디선가 요란한 징기스칸 부대의 말발굽소리가 광야를 지르는가 싶더니 강으로 첨벙첨벙 뛰어드는 것 같았다. 한

차례 우르르 몰려와 톨 강을 깨우고 초원으로 갈기를 휘날리며 사라지는 모습이 환영으로 보였다. 한바탕 휘 돌아 나온 바람이 삽상하다.

간신히 강을 건너자 무심한 듯 무뚝뚝한 그가 말에서 내리는 나를 부축해준다. 무사히 목적지까지 데리고 와준 고마움의 표시로 준 돈이 겨우 1불이어서 미안하고 부끄러웠다. 그는 나에게 엄지손가락을 세워 보이고는 말을 이끌고 왔던 길로 달려갔다. 마부들이 그의 뒤를 따라 힘차게 달려갔다. 한 동안 바람에 휘날리던 말의 갈기와 긴 꼬리가 숲속 어디쯤에 아슴아슴 보이는 듯 했다.

그들이 몰고 온 말들은 오랜 기간 훈련에 길들여진 말들이었다. 힘들고 지쳐도 제 목 축여 줄 물 한 모금, 풀 한포기 거들떠보지 않았다. 혹여 쓰러지거나 영 뒤쳐지는 놈이 있다면 가차 없이 도살당한다고 했으니, 살기위해 아득바득 걷고 또 걷는 안간힘에 마음이 아팠다. 속 깊은 내 마부가 잠시나마 그늘진 숲길에서 간식과 휴식을 주었으면 좋겠다.

해질 무렵 안내자에게 말을 타고 싶다고 운을 띄웠다. 한 시간에 만원만 지불하면 새벽에 말을 몰고 온다고 했다. 나는 망설임 없이 새벽뿐만 아니라 내일 저녁에도 또 타겠다고 신청했다. 호기를 부리는 것이 아닌 진심이었다. 몽골의 더 넓은 광야에서 말 타는 것이 과연 내 생애 몇 번이나 올 수 있을까. 기회만 된다면 몇 번이고 타고 싶었다.

호르당!

한 번 더 힘차게 외친다. 검게 그을린 피부에 발그레한 뺨이 무척이나 귀여운 마부. 그가 배시시 웃는 미소는 새벽 공기처럼 상큼하다. 오늘은 천천히 걷기만 했던 어제의 말 타기와는 다르다. 걷자면 걷고 달리자면 달린다. 말 위에 올라 고삐를 쥐고 있을 뿐 말의 조종은 그가 하는 셈이다. 천천히는 오땅, 달리자는 호르당, 이라고 일러주고는 관심 깊게 나를 살핀다.

우리 뒤에 오는 일행의 마부는 종종 나의 마부에게 정겨운 말을 건넨다. 그들의 말뜻은 알 수 없으나 친근하고 다정하게 주고받는 표정을 보고 있으니 덩달아 즐거워진다. 영어를 제법 잘하는 그는 내 마부의 형이었다. 열한 살인 동생이 대견스럽고 사랑스럽단다. 가정 형편이 어려워 말을 부리면 그나마 수당을 챙길 수 있어 마부가 되기로 했단다. 몽골인은 다섯 살 부터 말을 탈 수 있다니까 그들도 일찍이 그러했으리라. 성수기 때 바짝 벌면 그나마 겨울나기가 쉬워 관광객이 찾으면 언제든 달려온단다. 비록 몸은 힘들어도 동생과 함께여서 무척 행복하다며 호탕하게 웃는다.

형제의 미소는 몽골 하늘만큼이나 맑고 깨끗했다. 그들의 행복을 더 달콤하게 해주려고 주머니에 들어있을 알사

탕을 찾았다. 아뿔사. 게르에서 새벽에 나오느라 미처 챙기지 못했다. 어쩌나. 이제 그들의 순박한 모습을 떠 올릴 때마다 두고두고 후회할 일이 생겼다.

형의 말이 앞서서 달려갔다. 나는 달리는 게 두려워 오땅! 오땅! 하면서 몇 분 동안은 천천히 걸었다. 그는 계속 나를 바라보며 호르당? 이라고 묻는다. 천천히 걷는 것보다 달려보는 것이 어떻겠냐는 것인지, 내가 달리자는데 못 알아들어서 미안하다는 것인지 감이 잡히지 않는다. 발그레한 뺨에 드리운 수줍음은 아무래도 그도 형처럼 광야를 힘차게 달리고 싶은 게다. 난 용기를 내어 호르당! 이라고 외쳤다. 호르당? 그는 반색을 하며 숨어있던 야성을 드러냈다.

츄,츄, ….

그를 따라 달린다. 사방을 둘러보며 끓어오르는 용맹을 느낀다. 불쑥불쑥 땅의 생명력이 솟구친다. 말굽소리가 심장을 두드린다. 소리친다. 웃는다. 웃음소리가 온 산을 깨운다. 야생화가 지천인 들판을 거침없이 달린다. 그는 달리는 중에도 계속 내 시선과 마주치며 입모양을 바라본다. 마음으로는 무서우니 속력을 내지 말자고 외치고 있었으나 표정은 그의 야성 따라 함께 가겠다는 각오의 눈빛을 보였다. 귀여우면서도 당찬 나의마부.

신이 나서 소리친다. 호르당!

소금호수에 서다

그것은 여인의 속살처럼 뽀얗다. 실루엣에 보일 듯 말 듯 한 몽환적인 빛깔이다. 투명과 반투명의 경계를 넘나든다. 햇살이 부서져 내리면 반짝이는 결정체가 눈물처럼 일렁인다. 소복이 쌓여있는 것을 한 움큼 쥐니 품고 있던 한이라도 녹여내려는 듯 제 몸을 온전히 풀어놓는다.

온기로 인해 뭉쳐진 덩이는 단단한 무기가 될 수 도 있으련만 펼쳐 보이는 손바닥에서 산산이 바스라진다. 두 손을 부비며 털어내어도 끈끈한 잔여물은 가시지 않는다. 아마도 인연이었던 내게 그만의 방법으로 흔적을 남기는 것이리라.

후각의 촉을 뻗어 더듬는다. 약간의 향기라도 있을 법 한데 아무런 내음이 없다. 익숙한 짠 맛 탓인지 짠 내라고 말하고 싶지만 무색, 무취, 무향이라고 이미 그에게 정해진 상징어들이 있지 않은가.

맑고 깨끗하기가 한량없다보니 나도 모르게 신발을 벗는다. 온 몸으로 그를 느끼고 싶은 것이다. 차가울 거라는 생각과는 달리 따뜻하고 부드럽다. 그러면서도 단단하다. 신비롭다. 햇빛에 오래 달궈진 그는 낮게 엎드려 제 몸을 담금질 하고 있었던 것일까. 그렇지 않고서야 열에 약한 것이 그의 특성일 텐데 어떻게 이토록 눈부신 결정체로 남아 있을 수 있을까.

터키에서 두 번째로 크다는 소금호수 투즈괼이다. 푸른 하늘과 맞닿아 있어 시리도록 눈부심, 그 자체이다. 호수라지만 바다와 같이 광활하다. 처음엔 바다였다. 지구가 지각변동을 일으켜 바다 밑의 산들이 올라 왔고, 내부에 들어있는 염분이 흘러들어와 태양을 받자 자연스럽게 소금이 된 것이다.

입구 안내판에 각국 나라의 언어로 적혀있는 것으로 봐서 앙카라에서 가파도키아로 이동하는 관광객들의 휴식처임을 알 수 있다. 호수 입구로 들어서자 상인들이 친절하게도 오일을 손에 듬뿍 짜준다. 자외선 차단제 같은데 끈적임이 영 마음에 들지 않는다. 하지만 이곳을 통과하려면 그들의 호의를 거절할 수가 없다. 게다가 눈앞에 강렬하게 내리쬐는 햇빛의 기세에 당해낼 재간이 있는 것도 아니다.

아마도 그들은 호수를 보고 돌아 나오는 길에 소금으로 만든 화장품과 스크랩을 권유할 속셈인 게다. 그들의 상술과 상관없이 소금으로 만든 제품에 호기심이 생겼지만 몇 번을 씻어도 깔끔해지지 않는 끈적임 때문에 구매의욕이 사라져 버렸다.

걸음마다 뽀드득거리는 소금의 간드러지는 소리에 전율이 인다. 모래와 섞여 있지만 서로가 끌어안아 하나이다. 투명한 빛의 반사로 세상이 온통 하얗다. 그 사이를 지나온 신선한 바람이 소금덩이처럼 뭉쳐진 마음을 느슨하게 풀어준다. 용서와 화해의 언어들이 밀려온다. 여기에 서 있으니 그 누구라도 품을 수 있는 너그러운 마음이 생긴다.

제 몸을 녹이면서 다양한 완성을 이루는 소금의 본성을 깨달았다고나 할까. 저렇듯 태양에 단련된 강인함도 있지만, 묘한 매력도 있다. 그 만이 지닌 고유한 맛의 자존을 내세우기는커녕, 한데 섞여 맛의 절정에 이르게 하는 겸손도 있다. 슴슴한 음식에 약간만 넣어도 익숙한 맛으로 승화되는 친화력도 있다. 단맛의 더 깊은 맛을 드러내고자 할 때도 그의 역할은 두드러진다. 입맛의 기호에 따라 흡족함을 안겨주는 데는 소금만한 것도 없지 싶다.

그러고 보니 장을 담글 때도 몇 갑절의 몸을 풀었고, 김장철에 꼿꼿하게 일어서는 배추의 자존도 살살 뿌려 잠재웠으니 그의 매력에 어찌 빠지지 않을까. 오래전부터 친밀한 관계였기에 먼발치에서 바라만 보아도 울컥 가슴이 저렸던 것일까. 내게 무시로 다가와 있었으나 그의 존재에 깊은 의미를 두지 않았음이다.

나도 그처럼 온전하게 용해되어 보려 하지만 그럴만한 용기가 없다. 가끔 의연한 척 하면서도 내심 쓰라려 못 견뎌 한다. 쓰라린 상처에 그의 염력이 와 닿는다면 더 강인해 질 수 있으련만….

발아래에서부터 차오르는 그의 본성을 닮고자 소금호수에 한참을 서있다. 태양을 머리에 이고.

댄스! 댄스!

흐르는 음악에 맞춰 밸리 춤을 춘다.

"hava nagila hava nagila hava nagila venismecha"

〈 - 하바나 길라.(이스라엘 민요)〉

하렘치마와 힙 스카프를 비단결처럼 찰랑인다. 힙과 허리를 탄력적으로 튕길 때마다 트라이벌 벨트의 경쾌한 소리가 기분을 한껏 고조시킨다. 가슴을 가린 브라 탑 위로 실크베일을 두르고 또 두른다. 이 순간 나는 화려한 의상 일체를 갖춘 무희다.

신체 중심부로부터 뻗어 나온 팔과 다리, 손가락 끝 부분까지 미세한 동작을 부려 놓는다. 흐느적거리며 유연하게 몸을 뒤트는 율동은 마치 연체동물의 몸짓과 다를 바 없다. 힙과 허리를 강열하게 흔드니 단전에서 묘한 기운이 올라

온다. 그 짜릿한 기운은 모세혈관을 타고 빠르게 퍼져나간다. 달뜬 기분으로 온몸이 터질 듯 팽팽하게 부푼다.

"uru uru achim sameach~" 강렬하고 빠른 템포의 리듬이 나오자 기다렸다는 듯이 베일을 머리위로 감아올렸다. 한쪽 발을 중심에 두고 다른 발로 회전을 한다. 치마 속 두 발은 서로의 위치에서 균형을 맞추며 돌고 돈다. 부드러운 베일에 가려진 나는 또 다른 나와 만난다.

수줍어 얼굴 붉히면서도 열정을 감출 수가 없다. 마치 오래 전부터 그래왔던 것처럼. 음울하거나 외로운 시간도 춤을 통하여 생기를 얻는다. 연속적인 동작으로 의식의 흐름이 자연스럽게 이완되자 짧은 순간 무아지경이다.

세마젠…. 그들이 생각난다.

터키에 갔을 때 저녁 식후 전통 춤 공연의 관람이 있었다. 마침 오전에는 기암괴석이 끝없이 펼쳐져 있는 카파도키아의 지형을 투어한데다가 붉은 토양의 땅 로즈밸리를 두 시간 가량 걸은 터라 온 몸이 지쳐있었다. 피로를 떨치려고 마신 전통주 라크는 오히려 어둑한 동굴 속의 조명과 타협을 유도했다. 하지만 그들의 전통춤이 시작되자 침묵의 시간을 딛고 빛을 발하는 별처럼 눈이 번쩍 떠졌다.

이슬람교 한 종파인 메블라나의 데비쉬라고 불리는 수도승들의 명상 춤이기도 한 세마춤은 엄숙하다 못해 숙연했다. 독특하게 생긴 검은 모자와 하얀 치마를 입은 세마젠은 조금씩 자리를 이동하며 빙글빙글 돌았다. 두 팔을 위로 든 상태여서 한 스무 바퀴 쯤 돌겠거니 했는데 오십, 칠십 바퀴까지 헤아리다 숫자세기를 포기했다. 십여 분을 끝없이 돌고 도는데 현기증이 일었다. 아마도 천 바퀴는 족히 돈 듯했다.

나중에 안 일이지만 그들은 회전동작을 반복하면서 무아지경이 된단다. 죽음의 세계까지 들어가 신과 교감을 나누는 황홀경이다. 그 춤은 단순한 춤이 아니라 종교의식의 하나였다. 모자는 묘비를, 하얀 옷은 수의. 그리고 까만색 가운은 관위를 덮는 흙을 뜻했다.

수피댄스라고도 하는데 남성들만 구성되어있어 독특했다. 그들의 춤은 아름다운 것과는 별개다. 단지 무아지경에 이르기까지 얼마나 혹독한 시간을 견디며 욕망을 키웠을까 싶다. 모진 자기 학대와 극기가 있어야만 수백, 수천의 회전 돌기가 가능하지 않았을까.

나는 신기에 가까운 그 춤의 여운으로 가슴이 먹먹했다. 곧이어 밸리댄스 공연 때는 끓어오르는 감정의 물꼬를 제어할 수 없었다. 아니나 다를까. 관객의 흥을 풀어주기 위해 무희가 손을 내밀 때 용수철처럼 튀는 본능을 어쩌지 못했다. 그들의 손을 잡고 자유분방하게 춤을 췄다. 살짝 세마춤을 춰 봤지만 언감생심 흉내에 불과했다. 나는 동굴에서 새로운 존재로 또 다른 시간의 명암을 그려내며 맘껏 즐겼다.

세마젠이 황홀경을 느꼈던 세마춤은 내가 추는 밸리댄스와 별반 다르지 않다. 나 역시 의식의 저편에 있는 춤 신을 통해 새로운 변신을 시도하지 않는가. 하지만 밸리댄스는 스무 바퀴도 채 돌기 전에 어지럼증이 일고 동작이 흐트러지니 무아지경, 그 경지는 단지 바람일 뿐이다.

몸속 어딘가에 환희가 이는 시간은 덧없이 짧다. 몸을 휘감고 있는 기쁨이 사라지기 전에 감정을 제때 발산해야 한다. 굳이 탄성을 지르지 않아도 어깨를 들썩이거나 허리를 흔드는 몸짓으로 흥겨움을 나타내면 어느새 엔도르핀이 꽉 차오를 터이다.

뜨거우면 산 것이요 차갑게 식으면 죽은 것과 마찬가지라는 말이 있다. 살아 있다는 것은 끊임없이 움직이는 것이다. 댄스로 내 몸을 달구는 일은 살아있음을 확인하는 일이다. 삶도 더불어 빛난다. 페스티벌행사와 무대공연에 당당히 나섰던 자신감은 오랜 시간 연습한 덕분이기도 하지만 오롯이 댄스를 즐겼기 때문이다. 기회는 준비된 자에게 온다고 했다. 그 바람에 오늘도 밸리댄스를 춘다.

트라이벌 벨트가 경쾌한 소리를 낸다. 실크베일이 부드럽게 곡선을 탐한다.

금강산을 향해

숨 가쁜 일상의 삶 잠시 심연의 바다에 풀어 놓고 낯선 시간 속으로 떠난다.

까뮈는 여행에서 우리가 얻는 것은 두려움이라고 말했지만 난 여행을 통하여 집착하던 것으로부터 자유를 얻는다. 또한 일상에서 끈끈하게 달라붙던 평판이나 욕망 그런 것과는 전혀 관계 지어지지 않는 곳으로의 일탈에는 기쁨만이 증폭될 것이다.

창원 마산에서 출발하여 부산 다대포항의 풍악호에 승선할 때까지 백마 항공 정 사장님의 따뜻한 배려가 있어 상쾌한 날씨만큼이나 기분이 좋았다. 배정된 방에서 여장을 푼 후 6층에서 열리는 세미나에 참석했다.

'통일을 향한 문학의 전망' 이란 주제로 두 교수님의 열강이 계속되고 세미나 분위기는 한층 무르익어 갔다. 간간이 동해에 내려진 태풍주의보로 큰 파도가 이는지 몸이 갸우뚱거렸다. 뱃멀미 하는 회원들을 가져간 의료품으로 안정시킨 후 기분전환을 위해 풍악호 곳곳을 둘러보았다.

17시간의 긴 항해 속에서 낮과 밤이 교차하였다. 매시간 북한에서 유의해야 할 사항을 듣다 보니 지치기도 하고 이번 여행이 다소 까다롭다는 목소리도 들렸다. 비디오 시청과 관광 시 주의사항이 계속될 때마다 시험을 목전에 둔 수험생처럼 긴장감이 고조되고 어수선했다.

자유시간에 갑판으로 올라갔다. 풍악호가 어둠의 자락을 가를 때마다 금강산, 그 무한한 경지의 품으로 안겨드는 것 같은 전율에 환호했다. 형언할 수 없는 장엄한 산세와 비경을 빈 가슴 가득 채워오고 싶었다. 안으로 가꾼 마음의 향기는 그곳의 바람에 실려 보내고 그로 인해 발견되는 새로운 의미들을 내 삶의 자양분으로 담아오고픈 마음이 온통 밤바다를 물들였다.

빛은 희망을 암시한다고 했던가. 어부들의 집어등 불빛이 먼 곳에서 영롱하게 반짝인다. 정말 아름다운 광경은 칠흑 같은 어둠 속에서도 피어날 수 있는가 보다.

혼자여서 그럴까. 적조해진 마음은 왠지 서글픔을 동반한다. 남편에게 전화해볼까 하다가 오늘 밤은 그저 그리움 속에 그의 목소리를 가만히 놓아두었다.

일출을 보려고 벼르던 마음에 잠을 설쳤다. 새벽 5시. 갑판으로 올라가 싱그러운 바다 공기를 흠씬 들이마셨다. 때마침 수평선을 부여잡고 떠오르는 해에 눈이 부시다. 아! 그 황홀한 일출의 광경은 온 바다를 불태우는 듯한 강열함은 없었지만 숭고한 탄생의 신비로움을 안겨주었다.

그로부터 한 시간쯤 지났을까. 금강산에서 가장 가까운 항구인 장전항에 서서히 다가갈 때 회색빛 비밀스러운 기운이 그 주위를 감돌고 있었다. 침묵의 시간이었다. 그 누구도 도착한 데 대한 감격의 말은 하지 않았다. 그저 묵묵히 풍악호를 장전항으로 당기고 있는, 바지선에 탄 현대 직원만 반가운 눈빛으로 바라볼 뿐이었다.

장전항의 아름다움, 그 속에 가려진 음울한 기운으로 그토록 많은 교육을 받았던 일들이 실감이 났다. 마냥 아름다운 금강산의 비경에 취할 것만 아니라 정신을 올곧게 차려 위반되는 행동을 하지 않아야겠다는 비장함이 꿈틀거렸다.

풍악호 뷔페식당에서 빵과 샐러드가 주류인 아침 식사를 가볍게 마치고 금강산 통행검사소에 도착, 입국 절차 등 통관절차가 끝나자 20여 분간 버스투어를 했다. 사방에 펼쳐진 논과 밭에서 일하는 아낙들, 여유롭게 풀을 뜯는 소, 들에 핀 잡풀 등의 광경은 우리의 생활과 다를 바 없었다. 그러나 군데군데 표정 없이 서 있는 북측 남성은 경계의 눈빛을 늦추지 않았다. 그들은 오직 감시자였다.

같은 동포라며 정겹게 손 흔드는 우리를 무색하게 했다. 사상과 이념을 철저히 교육받은 그네들의 억압된 체제에 숨이 막힐 지경이다. 창문을 열었다. 완만한 능선을 지나 숲 지대에 이르자 굴곡 하나 없이 쭉쭉 뻗어 적송으로 이름난 미인송 군락이 선연히 들어선다. 불어오는 산 내음이 감미롭다

선녀가 보는 거울처럼 맑은 개울물, 크나큰 분재를 옮겨 놓은 듯한 기암괴석, 그야말로 천혜의 명산이다. 나뭇가지의 가벼운 진동 따라 마음이 공명한다. 자신을 위한 시간을 찾은 여유로움에 몸도 마음도 바람에 놓아두었더니 바람이 되어 날아간다.

만물상의 첫 장관이 펼쳐지는 '첫사자목'의 왼쪽에 그로테스크한 암봉, 귀면암에 섰다. 마치 도깨비가 하늘을 향해 포효하는 양 참으로 장괴하다. 조금 더 올라가니 만물상 입구에 창공을 찌르듯 서 있는 세 봉우리, 높이 약 75m의 삼선암이 있다. 각각 특색있는 형태로 질서정연한 배열과 잘 잡힌 구도는 실로 자연이 낳은 예술품 그 자체였다.

천선대에서 만물상에 이르기까지 일행들은 힘들면 부축해 주고 빠르면 쉬어 갔다. 특히 예순을 넘은 독자의 끈기는 대단했다. 그 곁에서 노모를 염려하며 지극한 정성을 쏟는 그들의 모습은 모두의 귀감이 되었다. 북측 여성과 남성이 저들끼리 대화하고 있었지만, 자칫 친절하게 말을 걸다

실수할까 싶어 긴장하며 지나갔다.

만물상을 바라보았다. 금강산 중에서도 가장 빼어난, 세계 제일의 대자연 조각 전시장이라 부르듯이 그 형상들이 그렇게 기묘할 수 없었다. 만물상의 어느 돌, 바위 하나라도 바라보는 사람의 상상과 환상에 따라서 자유자재로 변해 보이는 것이니. 어찌 안내자의 설명대로 나타낼 수 있을까. 오직 바라보는 이의 천품에 따라 볼 만큼 보고 알 만큼 아는 것이리라.

그저 바라만 보아도 느낌이 감각을 넘어서는 곳이었다.

하산하여 온정리에 있는 온천으로 갔다. 우리나라의 온천 못지않게 잘 지어진 곳이었다. 주변 풍광의 아름다움을 한눈에 담을 수 있는 노천탕도 보였다. 분수에 걸린 무지개를 보며 창세기의 원초적인 모습으로 옥돌에 편안히 누웠다.

감격은 자신을 잊게 했다. 자신과의 사이에 존재하는 벽을 허물고 어두운 자아 속으로 햇살을 가득 받아들였다. 지금 나는 내가 아니다. 나라고 규정지을 수 있는 테두리를 다 걷어버렸다. 나는 그저 바람이며 구름이며 흘러가는 물일 뿐이다.

풍악호로 되돌아온 그 날 저녁엔 시화전과 함께 시 낭송의 시간을 가졌다. 그곳을 지나치는 관광객들도 그 순간만큼은 서정의 물결에 동참했다. 일부 회원은 풍악호에서 승객들을 위해 여는 공연에 참여 하느라 시 낭송의 시간을 놓쳐 아쉬워했지만. 그 아쉬움을 풀 수 있는 시간은 잠을 쫓아버린 회원들과 만남에서 다시 피어났다.

갑판 한쪽 모서리에서 소담한 시 낭송의 자리가 열렸다. 열정적인 회원의 부군은 추억의 하모니카와 바리톤의 음성으로 별을 노래하고 바다를 춤추게 했다. 사랑과 낭만이 가득한 그 부부의 모습은 주위의 부러움을 샀고 함께한 이들은 소중한 풍경 하나 간직하였다.

일몰이 남겨둔 쓸쓸한 여운을 즐기며 어둠에 잠긴 장전항 주변을 돌아보았다. 봉래호가 떠난 빈자리에 잔물결만 남아 있다. 한민족이면서도 마음 놓고 말을 붙이지 못했던 낮, 그 북측 여성의 눈빛이 아련하게 남아 있다. 사슴의 눈같이 맑고 순수한 눈빛이었는데….

새벽녘 갑판으로 나갔다. 일출을 보기 위한 것도 있지만, 날마다 갑판 스무 바퀴를 돈다는 의사 선생님을 만나기 위해서다. 어제 그분과 심하게 부딪혔다. 관광객들은 풍악호에 한 분밖에 안 계신 의사 선생님을 넘어지게 했다고 눈치를 주었다. 당혹해하는 내게 괜찮다며 운동을 계속하시던 그분은 여전히 운동 중이다. 나를 먼저 알아보고는 다친 데 없었냐고 오히려 걱정해 주었다. 석 달 동안의 근무로 가족이 그리운지 수평선을 바라보는 눈에는 물기가 어룽거렸다. 여객선 중 가장 큰 배는 금강호이지만 엔진이 가장 좋은 배는 풍악호여서 몇 달 후 일본을 경유한다고 했다. 앞으로 금강산 여행길이 더 쉬워질 것이라는 메시지를 남기며 북한에서의 마지막 일출을 아쉽게 바라보았다.

여행에서 마지막 코스인 나무꾼과 선녀의 설화가 있는 상팔담에 올랐다. 옥을 쏟아부은 듯 끝없이 흘러내리는 옥류 폭포와 옥빛을 가득 담은 옥류담에 다다랐을 땐 천하의 절경 속에 서 있는 듯했다. 또한 길이 166m, 수직높이 139m인 마치 봉황이 긴 꼬리를 휘저으며 날아오르는 듯한 비봉폭포를 거쳐, 설악산 대승폭포, 개성의 박연폭포와 함께 우리나라 3대 명 폭포의 구룡폭포에 섰다.

그 아래에는 옛날 금강산을 지키는 아홉 마리의 용이 살았다는 구룡연이 있으며 폭포의 상하좌우 전체가 하나의 거대한 바윗덩어리로 이루어져 있었다.

연주담, 상팔담의 물빛은 스펙트럼이 빚어내는 광채로 진녹색을 띠고 있었다. 깊고도 깊은 그 녹색의 물빛에 현혹되어 당장 뛰어들고 싶었지만 그저 침묵할 뿐이었다. 맑고 고운 물빛처럼 우리의 진심이 통하여 문화도 체제도 의식도 많은 변화가 있었으면 좋겠다.

푸르고 맑은 자연림은 틀림없지만 억눌린 기운이 감도는 숲길은 음울함을 감추지 못했다. 한가하고 고요해서 적송마다 걸려있던 구름이 그림자를 벗어던지며, 하산하는 우리 뒤를 따라왔다.

평양 모란봉교예단 공연을 앞두고 고사리며 송홧가루, 들쭉술, 개성 은단 등 북한 상품들을 샀다. 그들과 우리의 상품에 대한 가치를 나름대로 가늠해 보며 공연장에 들어섰다.

교예단의 무대예술에 박수와 환호를 보내면서도 한 소녀가 공중회전을 하다가 낙상했을 때는 모두 눈시울을 적셨다. 그 순간 소용돌이에 휘말린 듯 눈앞이 깜깜해졌다. 소녀의 실수는 우리 민족 공동의 크나큰 슬픔 덩어리인 듯 아프게 다가왔다. 나중에야 의식을 차린 화답의 손짓에 안도의 숨을 내쉬었지만, 자꾸만 목이 메여 왔다.

그만두어라
이 우주 간에 몸 맡길 날이 얼마나 남았는가.
(…중략…)
잠시 자연에 맡겼다가 돌아갈 뿐이니

도연명의 '귀거래사'가 생각난다.

한시바삐 마음을 바꾸었으면 좋겠다. 마음을 바꾸는 것은 몸을 자유롭게 할 뿐 아니라 평화를 주기도 한다. 사상과 이념이 날로 다르게 변하고 있다는 것은 안정과 통합의 날이 결코 멀지 않았고, 문화적 사회적 속박으로부터도 점

차 자유로워진다는 것을 알게 한다.

3박 4일의 여행을 통해 역력한 금강산의 비경들…. 그 속에서 읽고 얻었던 경험과 유용한 분별력이 또 다른 나를 변화시키려 한다. 가장 자유로운 현실에서 더 많이 생각하기 위해 덤불 속의 길이라도 헤쳐가고 싶다. 그로 인해 깨닫게 되는 긍정적인 삶. 그 자체를 중요시하며 살고 싶다.

다시 돌아온 여기! 모든 것이 살아있다.

산청, 마음으로 보다

이슬 머금은 산 공기가 차갑다.

배양마을에서 지리산으로 향하는 길가에 자리한 문익점의 면화시배지. 그곳에 도착할 즈음 안개에 촉촉이 둘러싸인 지리산의 절묘한 풍광은 여느 때의 느낌과 달랐다. 우리나라 의생활에 일대 혁신을 가져온 면화의 파종과 생장에서 의복이 되기까지의 상세한 과정을 알 수 있는 전시관에 들어섰다. 아담하게 단장된 전시관 옆에는 실제 재배한 면화의 면면을 직접 보고 느낄 수 있도록 하였다. 항상 국가의 어려움을 걱정하고, 성리학이 보급되지 못함을 걱정하며, 자신의 도가 부족함을 걱정한다는 삼우당의 호를 통해 선생의 정신세계를 가늠할 수 있었다.

천혜의 자연경관인 산청을 돌아보며 억겁의 세월을 흘려

보낸 먼 여정의 숨은 얘기들을 찾아다니는 것은, 여생의 이정표에 새로운 변화를 시도할 기회를 얻는 것인지도 모른다.

단속사斷俗寺로 오르는 길은 낮은 키의 해바라기와 능소화가 흐드러진 오붓한 길이다. 아침저녁으로 쌀을 씻던 뜨물이 십 리 밖 냇물까지 흘러갈 정도로 민초들의 불심을 짐작하게 한 단속사의 흔적은 진정 마음으로만 볼 수 있는 곳이다. 솔밭 사이에 서 있는 당간지주와 보물로 지정된 한 쌍의 삼층석탑만으로 단속사 터는 불교사 내지 한국 사상사의 기념비적인 것으로 알려져 있다.

몇 채 안 되는 초가지붕의 담장이나 집 안에는 많은 석물이 흩어져 있다. 조각난 그것들을 들고 무엇을 듣고 보려는지 아득한 과거의 소리에 귀 기울였다. 노약한 노인의 굽어진 등위로 흰 구름이 허허롭게 흘러가니 황량하기 짝이 없다. 그나마 누렁개 한 마리가 건초더미를 헤집어 대는 통에 생기가 느껴진다.

고려 말 강희백이 단속사에서 공부하면서 심었다는 수령 600년이 된 매화나무는 도 나무로 지정하여 보호하고 있다. 한적한 길을 따라 화계리 왕산王山 기슭에 우뚝 솟아있는, 가야 시대 제 10대 임금으로서 마지막 왕이었던 구형왕릉仇衡王陵으로 갔다.

가락국의 신비를 담고 있는 돌무덤은 유일하게 돌을 계

단식으로 쌓아 올린 한국의 피라미드였다. 경사진 산비탈을 그대로 이용하여 삼태기 모양의 너른 묘역과 거대한 돌무더기는 구형왕의 처절함을 그대로 보여주는 듯했다. 신라군에게 끝까지 항전하다 나라를 구한 몸, 흙 속에 묻힐 수 없다며 차라리 돌로 덮어 달라던 목쉰 외침이 들려온다.

돌무덤 앞에 가락국 양왕릉이라 새긴 비석과 장명등, 혼유석과 문인석, 무인석 등의 석불이 배치되어 있어 그나마 위안이 된다. 모든 살아있는 것들은 빠짐없이 제 나름의 빛깔로 꽃을 피우고 초록으로 물들고 다시 푸르게 이어가건만, 구형왕의 혼이 서린 돌들은 불변으로 있다. 역사의 밑동을 헤아리며 염치없는 구경꾼이 되어버린 나는 짐짓 숙연해졌다.

구형왕릉 소나무 숲길로 들어서자 유의태 약수터를 잠시 둘러본 뒤 왕산의 북쪽 들머리에 있는 덕양전德讓殿에서 잠시 마음을 가다듬었다. 구형왕과 왕비 양위의 위패를 모시고 춘추향례와 삭망향례를 드리는 그곳은 역대 가락국 왕의 별궁인 태왕궁을 옮겨 놓은 곳인 만큼 위풍스럽게 돌담을 두르고 있다. 아기자기하게 자리한 영정각, 동재, 서재, 해산구가 인상적이다.

단성면 남사리 국도변을 지날 때 산청의 드높은 기개와 명예로운 자존을 상징하는 듯한 홍화밭의 붉은 열매가 보였다. 퇴색되어 가는 과거의 기억들을 붙잡아 두려는지 저 홀로 붉어지는 열매가 애처롭다.

길게 이어진 골목길은 돌담의 운치를 더해 주었다. 고풍스러운 기와집이 오밀조밀 붙어있는 그곳은 시집을 오게 되면 큰 영광을 얻는 명성이 자자한 남사마을이었다. 마을에서 가장 오래된 집은 그 지역의 황토로 돌담을 쌓았으나 담장이 너무 높아 미감은 덜했다. 하지만 사대부 계층의 특징적인 면모를 볼 수 있어서 이채로웠다.

600여 년 된 큰 감나무는 마을의 길흉화복을 함께한 노거수로 자리하고 있으며 안채와 사랑채의 건립연대가 200년 정도의 차이가 있어 배치양식은 물론 구조적, 조형적 차이를 연구하는 데 큰 역할을 하고 있다.

정서의 오르가즘이라고 해야 할까. 알싸하고 짜릿한 감흥은 지리산 자락을 굽이굽이 넘을 때마다 출렁거렸고, 맑은 물소리와 정겨운 바람 소리도 여전히 따라다녔다.

산을 정복한 후에는 또 다른 산을 등정하고 싶어지듯, 남겨둔 유적지에 대한 아쉬움의 파장이 울린다.

이 물밑 같은 평온함 속에서도.

소매물도의 인간 띠

바다의 꽃을 보러 간다. 조물주의 조형예술이라고 일컫는 섬. 억겁 년 전의 바람과 파도가 깎고 다듬은 자연 조각품의 섬.

그리움을 아는 이에게 다정히 다가서는 섬. 파도 소리에 우수를 띄워 보내며 내면의 고뇌를 말끔히 씻어줄 구원의 바다를 포용하고 있는 그 섬을 향해 간다.

두 시간쯤 달렸을까. 차창 밖으로 예향의 도시이며 미학적 감성을 일깨워주는 통영 바다가 보인다. 하루의 좋은 만남을 위하여 며칠을 마음 쓰고, 기쁨을 안겨주는 이들이 있으니 어찌 오늘의 여행길이 즐겁지 않을까.

한국의 나폴리라고 불리는 통영항을 뱃전에서 바라보며 한려해상국립공원의 짙푸른 물살을 가른다. 크고 작은 섬들이 다도해라는 말에 걸맞게 수평선 쪽에서 문득문득 솟아올라 뱃전을 스치듯 등 뒤로 사라진다.

이순신 장군이 해군을 물리친 유명한 한산섬 기슭을 먼발치서 바라보고 있으니 어느새 비진도와 용초도 그리고 오곡도가 양옆으로 날개처럼 펼쳐진다. 그 너머로 탁 트인 넓은 바다가 한걸음에 태평양으로 내달릴 듯하다. 일부 회원들은 스쳐 가는 순간의 풍광을 놓치지 않으려고 갑판으로 나갔다.

항해사의 재치있는 화술에 선실의 분위기는 차츰 고조되어 가더니 갑자기 남자만 오른쪽으로 고개를 돌리되 만약 여자가 고개를 돌리면 십만 원의 벌금을 내야 한다는 너스레를 떨었다.

구멍 바위에 대한 설명이 귓전에 들리는 듯했는데 순진한 건지 멍청한 건지 나는 고개를 돌리지 않았다. 그곳을 통과한 후 모두 웅성거리는 거로 봐서 아마 대단한 절경을 놓친 듯하다. 슬쩍 고개를 돌려 보고도 못 본 척했다면 십만 원은 벌었을 텐데. 하지만 못 본 것에 대해 아쉬움을 남겨두는 것도 괜찮을 것 같았다. 그 아쉬움은 다음의 기회를 기약할 수 있으니까.

그렇게 한 시간쯤 지나자 멀리 국도의 희미한 그림자를 등에 업고 절벽으로 깎아 올린 작은 섬 하나가 눈앞으로 빠르게 다가선다. 절벽 끝의 하얀 등대가 유달리 햇살에 반짝이는 섬. 소매물도다.

일행을 태운 배는 선착장에 닿기 전 먼저 등대섬을 한 바퀴 돌았다. 두 개로 나뉘어 있는 섬 중 서북쪽 큰 섬은 어업과 민박을 주업으로 하는 사람들이 작은 마을을 이루어 사는 곳이다. 그리고 우리의 목적지인 작은 섬은 등대가 있다 하여 등대섬으로 불리기도 하는데, 남해안 등대가 있는 섬 중 가장 아름다워 해금도라고 불리기도 했다.

배는 속력을 늦추고 천천히 섬을 우회한다. 등대 바로 아래로 수십 미터는 됨직한 깎아지른 절벽이 병풍처럼 파도를 막아서고 있다. 소매물도의 제 1 비경으로 불리는 이곳은, 절벽의 험한 기세가 그대로 수심까지 뻗어 물 밑으로 굽이굽이 암초를 이어간다고 했다. 그래서인지 바로 곁에 갈매기똥여, 검둥여 같은 여(숨은 암초)가 많고 최상의 낚시터로 꼽히는 곳이다.

병풍의 모퉁이를 돌아서면 하늘의 제단에 바쳐진 거대한 촛대이기라도 하듯 촛대바위가 우뚝 솟아있고, 각각의 형상에 따라 이름 붙여진 형제바위, 용바위, 부처바위 등 바위 입상들이 억겁의 세월을 견뎌 머리 위에 해탈의 푸른 해송을 피워내며 먼 수평선으로 그리움을 띄워 보낸다.

일행이 탄 배는 그들이 지켜낸 세월을 순식간에 관통하여 절벽에 뚫린 굴속으로 들어선다. 거친 근육질의 암석들이 배의 양옆으로 다가서고 허옇게 끓어오르는 파도와 물거품은 인간이 그곳으로 들어오는 걸 거부하기라도 하듯 사뭇 위협적이다.

그 옛날 진의 시황제가 불로초를 구하기 위해 보낸 서불이 9척의 배에 동남동녀 삼천 명을 데리고 이곳에 들렀다가, 소매물도의 풍치에 반해 '서불과차徐市過次' 라는 글씨를 새겼다 하여 '글씽이굴' 이라 불린다는 곳이다. 세 암벽이 마주 서 있다 하여 '세글씽이굴' 이라고도 불린다.

따개비와 홍합이 지척에 다닥다닥 붙어있고 은빛 멸치가 자유롭게 유영한다. 그곳을 유심히 보고 있는데, 한 회원이 안줏감이 지척에 있는데도 그냥 보고만 있으려니 정말 안타깝다며 쩝쩝 입맛을 다시는 소리에 모두 크게 웃었다. 우리의 정겨운 웃음을 질투라도 하듯 파도는 바위를 매정하게 때려 친다.

글썽이굴을 지나서 배는 큰 섬과 작은 섬 사이 선착장에 닿았다. 등대가 있는 섬의 정상으로 삼삼오오 짝을 지어 올랐다. 건너편 큰 섬의 정상인 망태봉이 코앞이다. 그곳은 그 옛날 일본 해적의 동태를 살피던 곳이라고 하여 비록 무너지긴 했지만, 당시의 망대가 아직도 남아있는 곳이다.

수평선을 따라 고개를 돌리니 어디를 보아도 역시 수평선만 눈에 들어온다. 둥근 쟁반 같은 원의 세계, 그리고 그 중심에 우리가, 바로 나 자신이 있었다. 진정 무한한 자연과 생명의 공간인 섬과의 만남에서 인간이 만든 의미가 오히려 구차해질 만큼 아름다움이 있다는 것을 깨닫는다.

잠깐 상념에서 깨어나면 혼자 외로워 말라는 듯 이웃한 섬들이 말을 걸어온다. 대매물도, 어유도, 가왕도, 소덕도가 정답게 어깨를 마주하고 있다. 판판한 너덜겅에 자리 잡고 앉아 소매물도의 비경에 잠시 젖어 든다. 평온함과 고요함만 보이는 바다. 때론 거친 비바람에 어찌할 수 없다는 듯 몸을 뒤틀어대던 검푸른 바다의 날카로운 혓바닥에 자신을 내던진 섬은 풋감처럼 떫은 일생을 살아가야 하는 인간과 같다.

오후 두 시. 소매물도와 등대섬이 한 몸이 되는 물길이 열리는 시간이다. 해안으로 내려온 일행은 서로서로 손을 잡고 열린 바닷길을 따라 인간 띠를 만들어 두 개의 섬을 이었다. 한국판 모세의 기적이라는 진도의 그것처럼 크고 요란하지는 않지만 70m 길이의 크고 둥근 몽돌밭 길을 수줍게 열어 방문한 우리들을 맞아준다. 여름철 해수욕장으로 그리고 스쿠버 다이빙의 포인트로 각광받는 곳이기도 한 이곳에서 아름나라 고승하 대표의 기타 반주에 맞추어 '우리의 소원'을 합창하며 통일의 염원을 띄워 보냈다.

물이 빠져서 길이 되어있는 몽돌밭을 내려보았다. 바다 밑에서 숨을 죽이고 자신의 모난 부분을 깎고 갈아서 둥글둥글한 몽돌로 만들어지기까지 얼마나 오랜 세월을 보냈을까. 그리하여 자신을 딛고 서 있는 사람들에게 선한 마음을 갖게 하고, 세상사 둥글둥글하게 살아가라는 지혜도 던져 주려는 것일까. 고독하게 서 있는 두 섬을 이어 주는 몽돌 밭 길 위에서 서로의 온정을 전하며 손과 손을 꼭 잡았다.

소매물도를 떠나오면서 문학이란, 현실에 존재하는 모든 것들을 이어주는 끈이 아닌가 하는 생각을 했다. 두 섬이 하나가 되도록 이어준 몽돌길처럼 내면세계에 잠재해 있는 것들을 끌어올려서 서로의 존재를 이어주고, 나아가서는 인간과 자연을 이어서 이상과 희망을 실현해주는 것. 이처럼 무에서 유를 창출하는 우리들의 문학활동이 더욱 영글어질 것을 빌어본다.

나골트 천에 흐르는 칼브

축축한 하늘이 겨우 물기를 거두어들일 때 쯤, 독일 남부 슈바르츠 발트(검은 숲)로 들어섰다. 프랑스 알제스로렌지방의 일러 강을 따라 라인 강의 지류가 합쳐지는 곳에서 다리를 건너자 그동안 프랑스 파리의 웅장하고 화려한 분위기에 들떠있던 마음들이 차분히 갈아 앉는다. 독일 하면 세계대전과 게쉬타포, 포로수용소 등의 사건들이 떠올라서 그런 걸까. 크로데스크한 기운마저 느껴진다.

헤세의 고향 슈바엔 지방의 칼브는, 흑림지대의 울창한 전나무 숲을 끼고 있었다. 나골트 천이 유유히 흐르는 숲길은 유난히 녹음이 짙었다. 숲 사이로 간간히 드러나는 흰 구름을 보자 '구름의 시인' 헤세가 단박에 떠올랐다. 무심히 흐르는 구름에 심상을 걸어 녹록치 않은 삶을 다독였던 그처럼 구름에 제각각의 이름을 붙여 보았다. 바람을 가르며 달리는 용사의 얼굴, 신비스런 사원, 쉴 새 없이 도는 바람개비…. 그러고 보니 구름은 모든 방황과 탐구, 욕구와 향수의 영원한 상징이라고 한 말에 수긍이 간다. 진정 삶의 여정에서 혼란과 기쁨과 슬픔을 겪어보지 못한 사람은 구름에 대해 논할 수 없으리라.

문득 끝없는 평원위에 펼쳐진 형상들이 흐르고 흘러 언제 여기 까지 따라왔는지 놀랐다. 자연은 항상 내가 바라보는 그곳에 있었던 것일까. 그곳에 있으면서도 매 순간 새로운 모습이라는 것을 몰랐던 것일까. 어차피 미지의 길을 걷는 생애라지만 미처 깨닫지 못함이 한심스럽다.

동체 굵은 한그루의 나무가 눈에 들어왔다. 그 나무 밑으로 한적한 마을이 여름 날 뜨거운 계절 속에 평온하게 잠들어 있다. 연보랏빛 수국이 탐스럽게 피어있는 언덕위의 작은 집. 그 곳에서 통통 뛰듯이 달려 나온 아이가 나골트 천에서 낚시를 한다. 눈은 물고기를 쫒느라 초롱초롱하고 조그만 입은 무어라 오물거린다. 해질녘 잠자리에 들면 나골트 천에서 건져 올린 싯구를 읊조리며 시인의 꿈을 키운 아이. 수영과 낚시를 즐겼던 유년기의 헤세 모습이 환영되어 떠오른다.

그는 부모의 강압적인 교육에 내몰리듯 신학교에 들어갔으나 탈주를 강행하여 퇴교처분을 받았다. 경쟁으로부터 자신을 망치게 할 수 없었고 본질적인 정서마저 잃고 싶지 않았을 터이다. 빈틈없는 규칙과 억압에 환멸을 느끼기도 했지만 늘 시인이 되기를 꿈꾸어 왔던 헤세는 신이 우리에게 절망을 주기 위해서가 아니라 우리들 안에 새로운 희망을 주기 위해서라는 신념을 버리지 않았다.

훗날 성장과정을 쓴 자전적 소설에서 수레바퀴 밑에 깔린 달팽이의 존재였던 초라한 한스, 그의 죽음을 통해 자신의 억압된 현실과 깊은 고독의 심경을 풀어놓지 않았을까. 헤세가 그토록 좋아하는 나골트 천에 한스를 익사시킨 것은 왜일까. 평화와 같은 휴식으로 가득 찬 밤과 달의 창백한 빛이 그를 바라보았기 때문일까. 피로와 불안에서 벗어나 영원한 죽음의 그늘로 들어가는 것만이 영혼을 편안하게 하는 것이어서 일까.

우리가 사는 것은 죽음을 두려워하다가, 죽음을 사랑하게 되기 위해서라는 그의 말에 고개를 주억거리게 된다. 죽음마저 사랑한 그의 쓸쓸함과 고적함이 아직도 나골트 천에 흐르는 듯하다.

작고 고요한 칼브의 전경은 마치 둥지 떠난 그의 영원한 보금자리를 응시하듯 적요하다. 헤세를 추억하기 위해 빨갛게 칠한 긴 나무의자만 덩그마니 놓여있을 뿐, 생가는 이미 다른 사람의 집이 되어 있다. 칼브를 예찬하는 작품 속 한 점 풍경이 되고 싶었던 걸까. 의자에 앉아 그가 좋아한 칼브의 햇살을 맘껏 품으며 그의 시를 웅얼거렸다.

> 안개 속을 헤매는 것은 이상하다 / 살아 있다는 것은 고독하다는 것/ 사람들은 서로를 알지 못 한다 /모두가 다 혼자이다 〈안개 속에서〉 일부

그리 넓지 않은 광장인데도 인적이 드물어 휑하다. 다행히 아담한 집들과 분수대를 품고 있어 쓸쓸함은 덜했다. 때로는 이 광장 어느 모퉁이에서 참을 수 없는 번민과 좌절을 삭혔을 터이다. 치솟는 열정을 다스리기 위해 분수대에서 가없이 목을 축였을 터이다.

모든 것의 속박으로부터 뛰쳐나와 진정한 자유를 찾았던 그를 연민하며 나골트 천을 오랫동안 서성거렸다.

사라진 풍경화

장맛비다.

빗방울이 또르르 난간을 타고 흐르니 문득 자귀 꽃이 소리 없이 지는 소리가 들리는 듯하다. 석류꽃은 이렇게 비 오는 날 더 명료할 텐데….

며칠 전 길을 가다 보았던 그 풍경들이 빗소리에 또렷이 떠올라 우산을 챙겨 들었다. 집에서 얼마쯤 걸어 나와 고풍스러운 멋을 지닌 주택가로 걸어갔다.

추적추적 대지에 물집을 잡는 빗물을 바라보고 있자니 비가 오는 날은 감정이 이성을 앞지른다는 말이 생각난다. 그래서인지 오늘 같은 날은 순전히 감정의 이끌림으로 나온 것이긴 하다.

퇴락한 골기와집이 석류나무 몇 그루를 거느리고 전설처

럼 엎드려 있는 골목으로 들어섰다. 능소화가 휘늘어져 담장을 넘어오고 찔레 장미도 젖은 꽃잎이 되어 빗물 타고 흐른다. 정겹게 늘어선 돌담을 거닐다 보니 여태 풍경을 찾기 위해 생각 밖에서만 머물렀던 것 같다. 진정 소중하고 아름다운 풍경은 먼 미래보다 내 안에 살고 있는 과거의 기억들인데 말이다.

비바람이 겉옷을 적신다.

처마 밑 돌담에 기대어 섰다. 이렇게 마음이 쓸쓸한 날이면 오래전 마을로 들어서는 입구 쪽에 줄지어 서 있던 미루나무가 제일 먼저 떠오른다. 하늘거리며 바람결에 흔들리는 것이 새벽에 나갔다가 집으로 들어오는 식구들의 모습인가 하여 고개를 곧추세웠던 기억들.

윗집에 사는 용찬 아재의 가출로 팔순 노모의 한결같은 바람도 미루나무 사이로 들어서는 아재의 모습이었고, 먼 길 떠났다가 돌아오는 조카를 마중 나갈 때 가장 먼저 들어오는 것도 미루나무였다. 그 희망과 소망이 스며있던 그것은 현대화 물결에 의해 베어져버렸다.

어디 그뿐인가. 초가의 둥근 지붕들도 개량의 물결을 타고 사라졌다. 고유의 멋이 담긴 이엉은 민속촌에서나 전통주점의 장식품으로만 볼 수 있게 되면서 시나브로 시골 풍경도 도시화되었다. 부드러운 곡선에서 날카로운 직선으로 변모되어 가더니 결국 불편함의 아름다움은 점차 사라진

경치가 되었다.

땅거미가 깔리는 어둑한 들판에 촌부의 이삭 줍는 모습이 지닌 토속적인 풍경은 얼마나 평화로움을 자아내는가. 빈곤보다는 풍요를, 적막보다는 안온함으로 어둠을 그렇게 안고 가건만, 긴 그림자 드리운 어둠이 채 깔리기도 전에 여기저기서 전깃불을 켜니 그 낭만은 편리함으로 인해 고갈되고 만 것이다.

대수롭지 않게 생각했던 일들도 이제는 찾아보기 힘든 풍경으로 남아있다. 마을에 슬픈 일이 생겼을 때, 사립문 귀퉁이에 부의쪽지를 꽂아두던 모습도, 닷새마다 오는 두부 장수가 문기둥에 분필로 외상의 작대기를 그려놓던 모습도 사라졌다. 분필로 작성한 외상 장부를 서로 믿고 살던 그 순박함은 이제는 찾아보기 힘들다.

가위소리 요란한 엿장수가 오는 날이면 찢어진 검정 통고무신이며, 닳아서 못 쓰던 호미를 들고 나가 엿가락과 바꿔먹던 일, 이끼 낀 우물가에 잿콩나물시루 놓던 일, 두레박질로 찰랑거리던 물동이의 정겨움도 볼 수가 없다.

겨울철이면 그냥 잘라서 먹어도 좋았던 한 줌 가득하던 고드름도, 유리창에 성에가 그려놓던 갖가지 무늬도 이제 아득한 옛날이야기가 되었다.

간혹 처마 밑에 오도카니 앉아 빗방울이 만드는 물무늬를 정신없이 볼 때면, 엉금엉금 기어 나오는 두꺼비를 볼 수 있었다. 우악스럽게 생긴 등짝은 을씨년스런 날씨를 더 서늘하게 만들었다. 놀란 마음에 고함을 치면 두 눈만 껌벅이던 그 풍경들이 정녕 그립기만 하다.

자귀 꽃이 우수수 바람에 휘몰린다. 골목길을 돌아 나오려 하니 매듭 풀린 정겹던 풍경 하나 둘 그리움의 등불이 되고 있다.

우산을 바짝 당긴다.

4부

뒤로 접는 참사랑

손톱보다 작은 꽃에 온 마음이 붙들린다. 여느 때면 꽃대를 올린 군자란과 영산홍의 기특함에 도란도란 얘기 나누며 살갑게 대하건만 오늘은 참사랑의 출연에 그럴 여유가 없다. 잎 사이로 보일 듯 말 듯 실오라기 같은 줄기가 뻗더니 어쩜 그렇게 당돌한 꽃이 피어나는지, 그러다 어둠이 슬며시 내리는 기미가 보이면 진분홍, 그 작은 꽃잎을 암팡지게 뒤로 접어 제 몸을 감싼다. 행여 꽃잎을 손끝으로 펼쳐볼 새라 엄두도 내지 못할 정도로 또르르 말아버린다.

신기한 것은 아침이 오면 언제 그랬냐는 듯 꽃잎들이 팽팽히 펼쳐진다. 간밤에 접혀졌던 흔적이 있지 싶어 이리저리 살펴보아도 도저히 찾을 수가 없다. 신기했다. 분명히 그 여린 꽃잎이 조화를 부렸건만 속수무책으로 바라볼 뿐이다.

참사랑, 그 꽃은 대체 무슨 연유로 나와 만나게 된 것일까.

일찍 핀 벚꽃이 화르르 꽃비를 뿌리며 회색도시를 배회하던 날, 마침 봄 마중 나온 야생꽃들이 꽃 가게 앞 작은 분에 앉아 행인의 발길을 붙잡고 있었다. 오종종한 꽃들의 조잘거림에 혹하여 한참을 쪼그리고 앉았다. 생뚱맞은 나의 행동을 유심히 바라보고 있던 주인은 아마도 내가 정신줄 놓아버린 사람처럼 보였던지 난감한 표정을 지었다. 그런 느낌을 받으면서도 여지없이 꽃들과 밀담을 나누고 있는데 며칠 전 숯가마 찜질방에서 있었던 일들이 떠올랐다.

진영의 변두리에 있는 찜질방 한 모퉁이에서 노곤한 몸을 풀고 있을 때 두런두런 세상사는 애기들이 들려왔다. 때로는 그 속에서 진주같이 귀한 지혜도 얻고, 세상을 풍자하는 달짝지근한 대화에 귀동냥도 한다. 은근히 배어나오는 땀을 닦으며 소리 나는 쪽을 바라보았다.

고령의 노인 몇 분이 오늘 처음 만나 서로의 주변 이야기를 풀어놓고 있었다. 이야기가 한창 무르익을 때 쯤 갑자기 한 노인이 흐느끼며 울었다. 나중에 안 일이지만 그들 중 연세가 가장 적은 분이었다. 왜 우느냐고 묻자 살기 좋은 세상에 이대로 늙어 가는 게 서럽고 속상하다고 했다. 그러자 아직 건강하여 살아갈 날이 많은데 왜 슬퍼하냐고, 좋은 날은 얼마든지 누리기 나름이라며 한 분이 자상하게 등을 토닥여 주었다. 그래도 울음이 진정되지 않자 곁에 있던 분이 흥겨운 노래를 불렀다. 차츰 기분이 풀렸는지 덩달아 장단을 맞추며 박수를 치자 분위기가 밝아졌다.

잠시만 있어보라며 바지춤을 당기고 나간 분이 음료를 사와 양손에 바짝 치켜들고 소리쳤다. 내게 노래를 들려주고, 또 박수로 분위기도 띄워주고, 울음을 터트려 세상이 살만하다는 것을 깨닫게 해 준 친구들에게 한턱 쏜다는 것이다.

서로 주거니 받거니 하더니 한 분이 내게 다가왔다. 찜질방 열기로 얼굴이 발그레해진 그분은 노인네들이 주책이라고 생각하지 말아달라며 겸연쩍게 웃었다. 그 웃음은 내게 뜻밖의 순간에 행운처럼 다가온 소중한 깨우침 같은 것이었다.

첫 만남인데도 서로의 신세를 소탈하게 토로하고 소통의 공간을 마련하는 모습이 참으로 보기 좋았다. 그들의 얘기에서 알 수 있었던 것은 질곡의 삶에서 예고된 불행은 없었고 준비된 행운도 없었다는 것이다. 어느 날 갑자기 닥치는 해일의 사슬에 운명을 맡기고 자기의 역할에 열성을 다하는 길만이 최선의 일이라는 것이다.

모든 것에는 때가 있다고 했다. 길가의 돌멩이도 던질 때가 있으면 모을 때가 있고 꽃도 심을 때가 있으면 뽑을 때가 있을 터이다. 그들의 인생길이 지금 내가 가고 있는 이 길 일수도 있을 테고, 나 역시 먼 훗날 그들 중 한 노인의 모습을 닮아 있을 수도 있겠다.

봄날의 아지랑이를 잡아둘 수 없듯이 삶에서 아름답다고 여긴 순간은 너무나 빨리 지나간다. 그래서 과거가 되고 옛것이 되고 만다.

이 작고 어여쁜 참사랑이 오래된 미래를 끌고 온 것이다. 내 인생의 꽃도 이렇듯 어여쁘게 피어나고 아무런 상처 없이 제 모습 다시 찾는 참사랑 같았으면 좋겠다.

오늘도 되풀이 하는 그 섬세한 몸짓에 온통 마음을 부려놓는다.

향기를 뿜다

긴 겨울 끝에 숨죽여 있던 봄의 향기가 바람결에 실려 온다. 그 향기는 양지바른 논두렁에 뽀송하게 올라온 쑥 내음도, 도란도란 흐르는 개울가의 꽃눈 틔운 생강나무 향도 실어온다. 게다가 징검다리 첨벙대며 물장난치던 내 오랜 기억의 기쁨도 데려온다.

이맘때면 감각을 통해 나만이 느낄 수 있는 향을 탐미한다. 질박한 토기에서도 누렇게 변색된 액자에서도, 일상의 그 어떤 사물에서도 제 나름의 향이 배어있음을 알아낸다. 그것들은 슬며시 일어났다가 쓰러지고 또다시 떠오르면서 내 마음을 기쁨에 들기도 하고 움츠러들게도 한다.

얼마 전 지인에게서 평소 갖고 싶은 향수를 선물 받았다. 그것은 기억의 액체였다. 손목에 한 두 방울 뿌린 향수는 맥박이 뛸 때마다 은은하게 풍겨, 그와 함께 즐겨 보고 들었던 소리보다 더 확실하게 심금을 울렸다. 그리고는 수많은 영상이 파노라마처럼 펼쳐지면서 행복에 젖어 들게 했다.

냄새보다 기억하기 쉬운 것은 없는 것 같다. 보는 것과 듣는 것의 단기적인 기억은 금방 사라져 버리지만, 향기는 강렬한 이미지와 감정을 자극하기 때문에 진한 향수를 불러일으킨다. 그래서 그 어떤 사물에 담긴 향으로 기억을 반추하기도 한다.

그러고 보면 생활 속에서도 언제나 향기가 머물고 있음을 알 수 있다. 백화점 화장품 코너에서 풍기는 황홀한 향과 비누와 같은 세제에서 나는 과일 향, 실내에 두는 방향제, 심지어 흘려버리는 화장실 물에도 향을 첨가한 액을 사용하고 있지 않은가. 아마 좋은 향은 사람의 심성을 온유하게 하고 행복하게 하는 것이라 여기기 때문일 것이다.

이따금 나는 알싸한 향이 나는 전나무와 풋풋한 향의 토끼풀, 짚단 태우는 불 냄새, 흙이나 이끼, 열매 등에 있는 독특한 향에 매료된다. 어떤 이질적인 향도 그 나름의 깊은 향이 있다. 호기심의 촉수는 그 향을 따라 끝없이 뻗어가고 때로는 말 못 할 욕망이 끈적이는 냄새 속으로 빠져들기도 한다. 그 향은 아득히 먼 시간으로 건너가 그 시절의 나와 만나게 해 준다.

묵정밭 귀퉁이에 석류나무와 풍개나무가 마주 보고 서 있는 그 허리께로 울타리가 된 탱자나무는 나의 놀이터였다. 정오의 따가운 햇볕이 탱자나무 속으로 들어가면 탱탱하게 영근 노란 탱자가 툭 툭 떨어져 밭이랑으로 또르르 굴러왔다. 한 바구니 가득 담아놓고도 설익은 제 몸을 가시 속에 숨겨 둔 탱자를 용케 찾아내어 작대로 찔러댔다. 노란 씨를 뱉아내며 새콤한 향과 함께 주르르 흐르는 과즙을 얼마나 먹었던지 그날 저녁 내내 배앓이를 했다. 배를 움켜쥐면서도 낮 동안의 즐거움은 쉬 식질 않았다. 탱자와 어우러진 기쁨들은 향이 가져다주는 소중한 선물이었다.

얼마 전 유적지를 둘러보면서 향을 가까이하던 선조들의 모습을 보았다. 솟을대문을 밀고 집 안으로 들어서면 마당이 보이고, 마당을 지나면 사랑채에 닿는다. 사랑채에서는 글 읽는 선비의 소리가 들리고 방 안에는 고서의 내음과 묵향이 은은하다.

선조들은 책을 읽거나 글을 쓸 때 거처하는 방에 향을 피우고 심신을 수련했다. 차를 마실 때나 거문고를 튕길 때도 향을 피웠다. 묵향과 난향이 그윽한 한옥에서 향을 사르며 벗과 두터운 담소를 즐기는 상상을 해 보면 그 대화조차 향기가 되어 집안 가득 메우는 듯하다.

정신을 맑게 하는 수련의 자리나 멋이 있고 운치가 있는 곳에 향을 빼놓지 않았던 선조들의 애향 습관은 은은함과 고고함으로 기억되고 있다. 화로에 향나무 조각이나 솔방울을 묻어두는 것도 그 향취로 심신을 달래기 위한 것임을 알게 된다.

조선 시대 가정 백과사전인 『규합총서』에 향료 제조법이 소개되어 있는데 '향을 고루 섞어 그릇에 담아 네댓 치 파고 묻어 한 달이 지난 뒤 꺼내면 그 향내가 기이하다. 무릇 향을 섞음에 있어 그 질거나 되기를 알맞게 하기가 무척 힘들다'고 적혀있고, 영릉향, 감송, 단향, 정향, 회향, 용뇌, 사향을 혼합하여 만든 의향衣香이나 호신향護身香이 있는 것으로 봐서 향은 의식용뿐 아니라 일상용 향으로 사용되었음을 알 수 있다.

옛 여인들은 정갈하게 목욕하고, 머리에는 기름을 바르고 얼굴에는 분과 연지를 바르는 것이 고작이었지만, 자연이 선사하는 것들을 통해 몸과 마음을 단정하게 가꿀 줄 아는 지혜가 있었다.

옷장 속에 넣는 향을 만들어 움직임에 따른 자신만의 향기를 만들기도 했고, 난초를 우리거나 방향 물질을 넣은 물에 목욕함으로써 향내를 만들어 냈다. 또 초에 난초 향유를 혼합해서 향이 방안 가득 퍼지게 했다. 단옷날이면 창포를 삶아 우려낸 향긋한 물에 머리를 감던 풍습은 생각만 해도 코끝에 향이 감도는 듯하다.

선조들이 산천초목에서 얻은 자연의 향을 생활 속으로

끌어들여, 그것을 나만의 것으로 직접 만들어 사용한 향은, 과학적인 기술과 첨단 장비로도 만들어낼 수 없는 우리만의 고유한 산물이 아닌가 싶다.

파트리크 주시킨트의 소설『향수』에서 꽃에서 향유를 모으듯 사람에게서 향을 추출하려는 주인공의 잔혹한 집착을 보았다. 그의 심중에 오랫동안 각인되어 잊지 못하는 향은 사랑의 향기였다. 사랑하는 사람의 체취로 절대적인 향수를 만들었을 때 세상은 사랑으로 충만했지만 자신이 원했던 사랑은 없었다. 결국 자신이 태어난 빈민가 허름한 곳에서 온몸에 향수를 뿌려 형체도 없이 사라져 갔다. 정말 소설에서처럼 향으로 인해 증오가 사라지고 사랑하는 마음만 생긴다면 향수는 우리에게 절대적으로 필요한 것이 되지 않을까.

최근 뉴욕타임스는 인공향에서 비롯된 향기 피로감을 호소하는 이들이 늘어 '무향의 달콤함' 이라는 내용을 다루었다. 아기 냄새나 비누 향이 나는 향수 같지 않은 향수의 주가가 올라간다는 거였다. 전통적으로 향수에 들어갔던 강한 꽃향기 대신 백단, 네롤리, 파출리 등의 향수는 관능미를 내세우는 대신 편안함에 초점을 두는 거였다.

실제 미국과 캐나다에서는 우리나라의 금연구역처럼 향기 없는 구역을 지정하기도 한다. 이는 향수를 사용하는 예법에 맞추기도 하고 알레르기가 있는 이들을 배려한 일이기도 하다.

일반적으로 향이라 하면 좋은 느낌이 든다. 향기는 추억을 찾으려는 성향이 있는 것이며 충격을 주는 동시에 우리를 사로잡아 가벼운 흥분을 주기도 한다.

향기를 뿜는 자리에 따뜻한 인간미와 푸근한 정서가 일듯이 나의 삶에도 은은한 향이 피어났으면 좋겠다.

봉숭아 꽃물

"언니, 예쁘죠?"

그녀는 내 앞으로 손을 불쑥 내민다. 마치 나와 약속이라도 한 듯.

"정말 예쁘다. 봉숭아 꽃물…."

며칠 전 경비실에서 소포가 왔다는 연락이 왔다.

11층에서 경비실까지 가는 동안 여러 곳에서 저서를 보내주시는 고마운 분들이 생각났다. 그분들의 주옥같은 글은 사유의 깊이를 더해 주고 때로는 삶의 지표가 되기도 한다. 주변 순찰을 마치고 온 경비아저씨가 건네주는 소포는 예쁘게 포장된 작은 상자였다.

『숨은 촉』을 쓰신 김애자 선생님의 함자에 가슴이 방망이질 쳤다. 살아가면서 뜻하지 않게 행운을 만날 때의 기분이 이와 같을까. 작년에 『달빛 서곡』과 『숨은 촉』을 얻은 일이 계기가 되어 전주에서 열린 세미나 때 잠시 뵌 적이 있었다. 그 후 다시 뵐 날을 기다리고 있었는데, 전혀 생각지도 못한 소포가 왔다. 설레는 마음 다잡으면서 상자를 열었다.

아! 봉숭아 꽃잎! 다홍색 무리…. 그리고 한 권의 책.

상자 속에 소복이 담겨있는 봉숭아 꽃잎은, 선생님 삶터인 충주의 부드러운 햇살과 댓잎 스치던 바람을 품고 있었다. 다소곳이 혹은 애교떨 듯 방실대는 꽃잎 따라 나도 방실거렸다. 한 잎 두 잎 봉숭아 꽃잎을 정성스럽게 따는 선생님 모습을 떠올리자 감동이 물밀듯 밀려왔다.

한 손 가득 봉숭아 꽃잎이 모이면 상자에 담고, 또 따 담고 몇 차례 거듭하여 한 상자를 가득 채웠을까. 봉숭아 꽃잎마다 지극한 정성과 애틋한 사랑이 묻어난다. 초록 잎사귀가 미세하게 떨려 가만히 살펴보니 작은 풀벌레가 꼼지락댄다. 그 멀리서 예까지 오는 동안 살아있는 것이 신통하다.

산골 생활이 바쁘고 선집 준비로 정신없이 폭염을 보낸다는 선생님, 그 와중에도 이토록 섬세한 마음을 보여주시니 나도 매사에 성심을 다해야겠다는 다짐이 선다.

'봉숭아꽃 보냅니다. 지금 손톱에 물들이면 첫눈 내릴 때까지 반달의 붉은 꽃물이 남겠지요.'

진줏빛 편지지에 배어있는 정겨움이 가슴을 훈훈하게 한다. 순수하고 소박한 선생님의 마음결 따라 내 마음의 수면에 파문이 인다.

볕 좋은 담장 밑에 흰색, 주홍색, 분홍색의 봉숭아꽃이 초롱초롱 열렸었다. 우린 그 아래 모여 도란도란 소꿉놀이를 했다. 반듯한 돌들을 주워와 울타리를 만들고, 무성하게 자란 풀을 뭉툭한 돌로 찧어서 반찬을 만들기도 했다. 못쓰게 된 붉은 벽돌을 갈아내면 영락없는 고춧가루가 되었다. 햇살에 눈부신 봉숭아꽃을 머리 위에 장식하면 수줍은 각시가 되었다. 그땐 봉숭아 꽃잎을 머리에 얹고 싶어 모두 각시가 되었다. 신나는 소꿉놀이는 봉숭아꽃만큼이나 붉게 익어갔다.

저녁 무렵, 엄마는 무엇인가 열심히 찧고 있었다. 언제 따 왔는지 꽃잎과 줄기 그리고 입안이 헐었을 때 쓰던 명반까지 넣어 봉숭아 꽃물을 뽑고 있었다. 언니와 난 앞 다투어 엄마한테 매달려 손을 내밀었다. 짓이겨진 꽃잎이 손톱에 차례차례 올려 질 때 몸도 덩달아 다소곳했다. 한참을 기다려야 곱게 물들어지는 그 지루함을 견디지 못해 벽에 기댄 채 잠이 들었다. 포근한 엄마 품에 안겨 잠자리로 옮겨지는 것이 느껴졌지만 이내 잠들고 말았다.

손톱이 곱게 물들어져 있을 때는 곤한 잠을 자고 난 후였다. 아마도 몸부림으로 꽃물이 지저분해 질까봐 엄마가 곁에서 지켜보았나 보다. 봉숭아 꽃물은 우리를 지켜주는 사랑의 눈빛이었다. 그렇게 꽃물 든 유년의 추억은 또 다른 기억으로 덧칠되어 있다.

작년 이맘때 친구 몇과 가벼운 등반을 마치고 휴식을 취하던 중이었다. 때마침 초등학생들에게 한창 유행하던 봉숭아 꽃가루 이야기가 나왔다. 그것은 약간의 물만 배합하면 빠른 시간 내 봉숭아꽃물이 든다는 것이다. 우린 동심으로 돌아가 손톱에 물들이기로 했다. 여유 있는 시간이라고는 이십여 분밖에 없는 상황이라 안성맞춤이라고 서로 입을 맞추면서.

꽃잎을 따고, 찧고, 얹고, 싸매어 진득하게 기다리는 번거로움이 없어서 편리했지만, 왠지 모르게 기분이 씁쓸했다. 꽃물 들이는 과정을 거치면서 정성을 알고 인내를 배우고 그에 따른 성취감도 있으련만, 급변하는 시대에 맞춰 결과물의 만족만을 추구하는 것이 과연 옳은 일인지 우려 되었다. 하긴 구시대적인 사고를 가진 편견일 뿐 걱정할 일은 아니었다.

그런지 꼭 일주일 되던 날 엄마의 임종을 맞았을 때 그 일이 몹시 후회되었다. 영전을 찾아온 분들 앞에 감히 손을 내놓을 수가 없었다. 손을 감추려고 할 때마다 더욱 도드라져 보이는 봉숭아 꽃물이 마냥 부끄럽고 죄스러웠다. 손톱에 든 꽃물은 어떤 약품으로도 지울 수 없는 터라 슬픔은 배가되어 지독한 두통에 시달렸다.

그래서였을까. 아름다운 추억과 상반되는 슬픈 기억으로 남아있는 봉숭아꽃만 보면 그저 애처롭다. 게다가 시부모님이 계셔서 봉숭아 꽃물 들이는 것을 주저하게 된다. 그날의 아픈 기억을 되풀이하고 싶지 않은 까닭이다.

선생님이 보낸 봉숭아 꽃잎은 그런 연유로 고스란히 나와 함께 이틀을 보냈다. 점점 짙은 색을 제 잎 속으로 거둬들이는 것을 안타깝게 바라보다 직장에서 만나는 동생에게 건넸다. 매년 봉숭아 꽃물을 들이든 그녀는 내 마음을 알아차린 듯 소중히 받아가서 지난 밤 곱게 물들여 왔던 것이다.

정말 고왔다. 그 어떤 인위적인 것으로도 만들어 낼 수 없는 색의 봉숭아 꽃물! 온 마음을 환하게 켜는 등불 같은 빛, 비록 손톱에 꽃물을 들이진 못했으나 선생님이 꽃잎을 따던 그 순간부터 내 마음은 온통 봉숭아 꽃물이 들고 있었다.

마지막 외출

며칠 전부터 엄마를 뵈러 가려다 차일피일 미루던 일을 오늘에서야 서둘렀다. 아들 녀석이 웬일인지 선뜻 따라나선다. 할 일이 많다고 하더니 혼자 가려는 내가 안 돼서 그런지 외할머니가 보고파서 그런 건지 아무튼 함께 간다는 사실이 기분 좋았다.

오후 햇살이 서서히 잦아들더니 비가 오려는 듯 바람마저 눅눅하다. 가로수 잎들은 무수한 세월과 같이 저마다의 표정을 달리하고 있다. 엄마를 뵈러 가는 마음이 착잡해져 온다. 항상 보고픈 마음에 서둘러 가지만 집으로 돌아올 때면 마음이 편치 않다.

엄마는 오래전부터 당뇨로 고생하다가 합병증까지 겹쳐 삼 년 전부터 약물 투석을 해 왔었다. 그 와중에도 호흡 장애로 급하게 입원하는 일이 종종 있었다. 보름간 입원한 후면 호흡도 정상으로 돌아왔고 기운도 되찾는 것 같아, 견디기 힘들 때마다 입원은 당연한 것으로 생각했다. 그러나 투병하는 시간과 노력한 만큼의 호전되지 않는 그 병에 동생댁과 난 병원의 처방만을 따를 수밖에 없었다.

한 달 전, 김 서방이 외근 중이니 딸네 집에 와서 당분간 편하게 쉬어가시라는 말에 엄마는 흔쾌히 그러겠다고 했다. 그런 후 대전의 세미나 행사를 마치고 도착하는 시간에 맞춰서 동생은 엄마를 모시고 왔다. 투석액과 인슐린, 그리고 약품 몇 가지와 의료기구도 가지고 왔다. 동생은 다리에 힘이 없어서 문밖출입을 통 안 하시던 엄마가 웬일로 누나 집에 가려 하는지 당혹스러웠다고 했다. 우리들이 주고받는 이야기에 싱긋이 웃으시는 건 엄마가 원하는 데로 성취했다는 의미의 웃음이었다. 만 종부의 처지와 상황을 잘 아는 엄마였기에, 농담으로라도 딸네 집에 한번 가고 싶다는 말을 아끼셨던 것 같다.

다음 날부터 산해진미는 아닐지라도 엄마의 입맛에 맞는 것을 성심껏 다 해드릴 기세로 시장을 붐비며 다녔다. 우선 유난히도 즐겨 드시던 콩국을 만들었다. 구수한 냄새를 시작으로 갖은 나물과 부드러운 생선으로 식욕을 돋우었다. 참으로 오랜만에 음식 만드는 즐거움을 누렸다. 제각각 재료 특유의 음식 맛을 이야기 하고 엄마가 즐겨 만들던 음식의 비법도 꼼꼼하게 수첩에 받아 적었다. 친구를 만나는 일도, 공적인 일도 뒤로 미루었다. 어쩌면 엄마와 함께하는 시간을 가질 수 없을 것 같은 조바심이 들었다. 그래서 더 더욱 엄마 곁에 바짝 다가가 잠시도 떨어지지 않았다.

이토록 오붓한 시간을 왜 여태 마련하지 못했는지 융통성 없는 나를 질책했다.

매년 하기휴가 때면 어김없이 남편은 거동이 불편한 엄마를 모시고 경주 보문단지며, 포항의 간절곶이며 경치 좋은 곳으로 다녔다. 짧은 시간이 아쉬웠지만 함께하는 즐거움은 시간에 비할 수 없었다.

그때의 추억이 되살아나는 사진첩을 들여다보며 그나마 지금보다도 건강했던 때를 회상했다. 언뜻 김 서방이 돌아올 때까지는 살아있어야 할 텐데… 하는 풀기 없는 목소리가 들려왔다.

투석하면서 가장 주의해야 할 것은 목욕이었다. 엄마는 따뜻한 물에 몸을 담그고 싶어 했다. 엄마가 원하는 건 다 들어주고픈 마음에서였을까. 복대를 조심스럽게 다루며 목욕을 시켰다. 손톱 발톱도 조심스럽게 정리했다. 상쾌해 하며 그토록 해맑게 웃는 모습은 정말 오랜만이었다.

시원한 대자리에서 낮잠을 청할 때 은은하게 풍기는 엄마의 체취가 좋아 품으로 파고들었다. 둘만의 오붓한 시간에는 먼 낙원의 세계로 훨훨 날아가는 새처럼 행복한 꿈을 꾸었다. 잠시 후 투석액이 뿌옇게 나오기 전까진 모든 게 달콤했다.

그렇게 보름을 계시는 동안 차츰 붓기가 더해졌고 투석액이 탁해졌다. 당황해서 어쩔 줄 모르는 내게 집에서도 간혹 그랬다가 곧 괜찮더라며 오히려 안심시켰다. 하지만 불안감에 한밤중에 깨어나 엄마를 보면 호흡곤란의 고통으로 괴로워했다. 눕기가 두려웠던지 아예 앉아서 밤을 새우는 것이다.

한정된 시간 안에 해 줄 수 있는 게 없었다. 밤이 되면 그 모습을 지켜봐야 만하는 안타까움에 가슴이 저렸다. 더 머물고 싶어 하는 마음을 애써 접고 떠날 때 다시 오겠다고 하시던 쓸쓸한 뒷모습에 목이 메었다.

텅 빈 방에는 엄마와 함께한 따뜻한 훈기가 서려 있다. 일주일 후 병원에 입원하셨다는 소식을 동생에게서 들었으나 언제나 그랬듯 보름을 경과 하고나면 차도가 있을 것으로 생각했다. 그래서 엄마 뵈러 가는 시간을 이리저리 미뤄왔던 것이었다.

병실에 들어섰을 때 잠들어 있는 모습이 편안해 보여서 안심이 되었다. 그러나 병실의 보호자들과 간호사가 잠을 깨우라고 한다. 동생은 며칠 전 혈액투석 한 후부터는 자꾸 잠에 취한다고 한다. 아마 그때 기운이 다 빠져나간 것 같다. 찬물에 수건을 씻어 얼굴과 손, 등, 온몸을 닦으며 엄마를 불렀다. 찬 기운이 섬뜩할 텐데 잠에서 깨어나질 못한다. 겨우 일으켰으나 목을 가누지 못한다. 아들 녀석과 나를 흐린 시선으로 번갈아 보며 바싹 마른 입술을 움직였다. 내 이름을 부르는 것 같건만 소리되어 나오지 않는다.

뭔가 목에 걸린 듯 갑갑해 오며 콧등이 시큰거렸다. 얼른 엄마의 다리를 마사지하듯 빠르게 주물렀다. 싸늘한 다리, 왜 그렇게 다리가 차가운지, 아마 이불을 걷어 찬 기운 때문이라 여겼다. 여러 번 문질러 온기를 채우고 나니 겨우 따뜻해지는 듯했다. 그러나 그건 나의 착각이었다. 그 차가움은 이미 모든 기능을 상실했음을 말해주는 거였다.

"엄마 뭐 드시고 싶어요? 잣죽? 깨죽? 녹두죽? 저를 좀 보세요."

큰 소리로 엄마의 귓전에 대고 외쳤다. 침대 모서리를 붙잡던 손을 맥없이 떨구며 겨우 내 목소리에 답하듯 잣죽이라고 입술을 움직였다. 엄마는 잠시 잠에 취한 것일 뿐이라고, 일시적인 현상일 거라고 자위하며 죽을 떴다. 몇 숟갈을 넘기는 동안에도 도저히 견디기 힘든 듯 앉아서도 졸았다.

병실의 보호자들은 딸이 오니까 그나마 죽을 먹는다며 나에게 뭔가의 기대를 거는 눈길이다. 침대 위로 올라가 등 뒤에 바싹 붙어 앉아 내 몸으로 엄마를 받쳤다. 앉아 있으면 잠에서 깨어나기 쉬울 거라고 생각했기 때문이다.

왼편으로 몸을 약간 기울여 손을 잡았다. 도톰하고 곱기만 하던 엄마의 손이 너무나 야위었다. 그 손으로 우리 4남매를 꿋꿋하게 키우셨다. 일찍 한 쪽 날개를 잃은 엄마의 삶은 얼마나 고달팠을까. 같은 여자의 일생인데 짊어진 삶의 무게에 무심한 자식들이 얼마나 야속했을까. 우매함을 핑계로 많은 세월을 허비한 자신이 원망스럽다.

엄마 손을 내 가슴께로 끌어안았다. 시린 듯 차가운 손을 꼭꼭 주물거리다보니 한 달 전 집에 왔을 때 정리한 손톱이 또 길어나 있다. 당뇨는 신체 일부에 상처가 나면 덧나기가 쉽고 치료가 잘 듣질 않기에 여간 조심하지 않으면 안 되었다. 동생이 칫솔질을 해도 좀처럼 빠지지 않는다는 손톱 밑의 때를 빨대 끝으로 살며시 밀어내었다. 쏙쏙 시원스럽게 밀려 나갈 때마다 손톱 밑의 예민한 부분에 자극이 오는지 깊은 잠 속에서도 몸을 움츠렸다. 문득 손톱도 깎아야겠다는 생각이 들었다.

'또각', '또각' 새끼손가락의 손톱이 잘려 나갔다. 약지와 중지를 깎는 동안에도 계속 말을 했다. 무의식에서도 분명 내 마음이 전해질 거라 믿으면서.

"엄마 한 손 손톱은 다 깎았어요! 봐요. 잘했죠? 자 다음은 오른손 손톱을 깎을게요."

천천히 오른손을 내 앞으로 당겼으나 여전히 졸고 있는 엄마. 그러나 너무나 평온한 얼굴이다. 내 목소리가 들리는지 엷은 미소마저 짓는 듯하다. 뒤에서 몸을 받쳐 오른손 손톱을 깎기가 너무 불편해 이번엔 엄지부터 시작했다. 엄지, 검지, 중지, 약지….이제 마지막 손톱만 깎으면 엄마가 무척 좋아할 것 같았다.

"자, 엄마 이제 이것 하나 남았어요. 불편해도 참으세요. 조심해서 깎아 드릴게요."

손톱을 깎으려는 순간, 갑자기 정말, 갑자기 엄마의 몸이 빳빳이 굳어버렸다. 그리고는

"아~~~"

세상의 모든 소리를 응집한 한 음만을 크게 외치시더니 그만 내 가슴께로 쓰러졌다.

"엄마! 엄마!"

차라리 손톱을 깎지 말 것을…. 잠들지 말라고 엄마, 엄마 소리쳐 부르기만 할 것을….

그날, 내 곁을 떠나시며 뒤돌아보던 엄마의 쓸쓸한 눈빛이 가슴에 눈물 되어 흐른다.

여름날의 삽화

연일 폭염주의보다.

오늘도 이글거리는 땡볕이 숨통을 조인다. 바람조차 그늘을 찾아 숨었는지 풍경이 미동도 않는다. 푹푹 쪄진 햇살이 내려앉은 나뭇잎은 터실터실 윤기를 잃은 지 오래다. 한 줄기 소낙비라도 내리면 좋으련만 먹구름 한 점 지나치질 않는다. 중부 지방엔 장대비가 억수같이 쏟아져 물난리 산사태까지 났다는데, 어쩜 그리 남부지방과 비교 되는 걸까. 적당히 두루두루 내리면 가뭄과 홍수에 마음 졸이지 않을 텐데 천지조화를 어찌 짐작이나 할 수 있을까. 그동안 자연 훼손에 대한 응징이듯 상상을 초월한 기상이변이 일어나고 있다. 밤새 안녕이란 말의 의미를 되 뇌이면 어찌 하루하루를 허투루 쓸 수 있으랴.

창에 붙은 매미 한마리가 목청이 터지도록 노래한다. 짧은 생을 탓하기 보다는 살아있음을 절절하게 휘감아 올리는, 저 작은 미물의 소리가 자칫 이상기온에 허물어지려는 마음을 곧추 세워주니 순순한 마음으로 길을 나섰다.

지글지글 타들어가는 아스팔트길에 작고 새까만 물체가 꿈틀거린다. 가만히 살펴보니 수많은 개미떼가 지렁이 한 마리를 에워싸고 안간힘을 쓴다. 한 걸음만 잘못 내딛어도 전부 압사를 면치 못하겠건만 그런 두려움도 불사하고 일용할 양식에만 전념한다. 혹여 뭇 사람들이 밟으면 완전 대참사다. 이를 어찌하나 싶어 자리를 옮겨가며 그들을 보호하지만 마냥 시간을 허비할 수는 없는 일이다.

옛 부터 개미떼가 보이면 장마가 시작되고 비도 올 것이라 했으니 그들의 출연에 작은 성의라도 보여야한다. 오호라, 초록나뭇잎 하나 넌지시 옆에 두자. 지나가는 사람들의 눈에 띠면 개미떼도 발견하겠지. 그러면 다행스럽게도 안전지대가 되겠다. 혹 불행하게 밟히더라도 악착같이 생에 매달린다면 운명 또한 비껴가지 않을까. 하루 끼니를 채우기 위해서든, 장마소식을 알리기 위해서든, 개미떼의 생사가 걱정되어 가던 길을 자꾸만 뒤돌아본다.

한참을 지나 내 마음이 꽃자리가 되는 곳에 다다랐다. 가을에는 석류의 정열을, 겨울엔 청아한 매화의 기품을 담아왔던 곳이다. 이 여름에는 능소화가 나를 기다렸다는 듯 넌

출넌출 담장을 넘어 와 있다. 내가 즐겨 찾는 이곳은 화려하고 웅장하기보다는 하늘거리는 꽃의 율동에 가만히 배경이 되어주는 고풍스런 전원주택이다. 그 안을 들여다보지 않아도 오붓한 가정임을 단박에 알 수 있다. 이웃의 눈에 잘 띄게 키가 훤칠한 꽃나무를 심은 것도 그렇고, 벌과 나비들이 자유로이 담장을 넘나들 수 있게 한 것도 그러하다.

오늘도 무심코 나선 길은 아니다. 지난밤부터 무리지어 핀 능소화의 간드러지는 소리가 그리도 내 귓전을 맴돌았기 때문이다. 능소화는 어쩌자고 저토록 고운 자태를 한여름 불볕에 내맡기는가. 임금과의 단 한 번 사랑으로 끝난 궁녀 소화의 한이 꽃으로 환생했다는 능소화. 외롭고 처절한 고통일지라도 사투를 벌여야만 극복된다면 어찌 그것을 두려워할까. 그래서 능소화는 늘 담장 밖으로 뛰어내리려는 것일까.

한참 바라보고 있으니 나도 모르게 손이 간다. 하지만 함부로 건드리지 말라고 독을 품었다던가. 자신이 사랑하는 사람에게만 관심을 끌기 위한 몸짓이라니 처연하기 짝이 없다. 행여 꽃가루가 눈에 들어가면 실명의 위기에 처할 수도 있단다. 뻗었던 손을 애써 거두고 애절한 눈빛으로 애무한다. 내 진심이 통한다면 소화의 한이 조금은 삭아지리라.

담장위에 잠자리가 살포시 걸터앉는다. 파르르 떨리는 날갯짓 사이로 바람이 인다. 나비효과처럼 저 날갯짓도 어떤 효과를 일으키면 좋겠다. 적어도 이 무더위가 한풀 꺾이는 정도면 괜찮으련만. 갑자기 벌 한 마리 붕붕 소리 내며 능소화 꽃잎 속으로 들어갔다. 어이쿠, 달디 단 꿀을 뽑다가 눈에 꽃가루라도 묻으면 어쩌나. 잠자리와 나는 한 눈이 되어 벌의 동태를 살폈다. 다리에 노란 꽃가루를 묻히고도 나는 데는 이상이 없다. 능소화의 향기에 취해 아예 앞 뒤 분간을 못하는 것은 아닐까. 아니 어쩌면 가장 민첩한 벌에게만은 특혜를 주었을지도 모른다. 먼 곳에 있는 님에게 향기를 전해준다는 조건으로 말이다.

하늘에 먹장구름이 드리웠다. 내일은 비가 오려나보다. 그러면 잠시나마 매미는 촉촉이 목을 적시겠다. 안전지대를 해제한 개미는 사방팔방 돌아다니겠다. 가지런히 날개 접은 잠자리는 숲의 품에 안기겠고. 그런데 어쩌나 빗물 흠뻑 머금은 능소화는 더욱 애절하겠다.

이 염천에 그것들과 맞닥뜨린 연유가 뭘까. 내 생에 더 이상 화톳불 같은 열정이 없음을 자극하는 것일까. 목표에 도달하기도 전에 쉽게 체념하는 나약함을 미물에 빗대어 보라는 뜻이다. 심지 깊은 사랑도 오롯이 품을 줄 모르는 어리석음을 탓하기 위해서다. 능소화의 절절한 그리움에서도, 벌처럼 충실한 열정 앞에서도 당당히 내세울게 없는 것이 마냥 헛헛하다.

무심히 발끝으로 파헤친 흙구덩이에 공벌레가 또르르 제

몸을 감싼다. 그러고 보니 미세하나마 모든 사물은 계속해서 움직이고 있다. 헛헛한 마음 쓸어내리는 이 순간도 누군가에겐 치열한 시간으로 무장되어 있겠다. 하지만 숨 한 번 내쉴 여유 없는 세상은 너무 팍팍하지 않은가.

폭염에 만물이 녹을지라도 오늘만큼은 낙조에 물든 담장에 정물처럼 기대어 서있고 싶다.

거울 속의 너

거울 앞에서 옷매무새를 다듬고 있으니 아들 녀석이 불쑥 종이 한 장을 건넨다.

도톰한 볼을 덮고 있는 머릿결 사이로 그렇게 높지 않은 코와 얇은 입술, 조금은 처져있는 눈매와 한쪽에만 있는 볼우물, 전체적인 얼굴선을 둥글넓적하게 그린 것을 보니 나의 인상을 스케치한 모양이다.

간혹 책을 보고 있거나 골똘히 생각에 잠겨 있을 때면 녀석이 기척도 없이 다가와 그 순간의 표정을 재빠르게 그려낸다. 그럴 때면 짐짓 속마음까지 다 들여다보고 있는 것은 아닌지 무척 당황스러워진다. 세세하게 이목구비를 눈속에 담아 그리는 동안 그 표정의 의미까지 읽히지 않을까 싶어 녀석에게 은근히 긴장한다. 모든 일에 있어서 완벽함과 강한 의지를 보여주려 하다가도 뜻대로 되지 않을 때, 나약함을 다잡으려 안간힘을 쓰는 모습은 들키기 싫은 까닭이다.

그렇게 스케치한 것들을 들여다보면 수심에 가득 찬 표정도 있고, 초조한 듯 경직된 것도 있다. 그러다가 환하게 미소 띤 것을 볼 때면 그런 상황이 언제 있었는지 기억을 더듬어 보기도 한다.

한 장 한 장 남겨진 표정들은 그 당시 심상들이었음을 알게 된다. 후회와 반성이 일어난다. 스케치할 것이라는 약간의 눈치라도 해주었다면 마음을 가다듬고 가장 온화한 표정을 지을 수 있었으련만, 그랬다면 언제 보아도 기분 좋은 그림으로 남아있으련만. 유쾌하지 못한 표정을 보고 나니 그동안 긍정적인 생각으로 살아오지 못한 것 같아 부끄럽다.

그러나 참 다행이다. 나도 모르는 사이 표정이 변해가고 있음을 알게 되었으니 녀석의 행동이 밉지 않다. 사진을 보는 것보다 스케치한 모습을 보면 마음이 더 애잔해진다. 아마 나에게 한 번쯤 표정에 대한 책임과 관리를 해주길 바라는 아들의 마음이 녹아 있어서인가보다.

요즘 들어 거울을 자주 들여다본다. 소리 내어 크게 웃어도 본다. 어느 때든 신명나 웃을 때 살짝 손거울을 꺼내어 나를 확인해 보기도 한다. 예전에 넉넉한 마음으로 모든 것을 포용하며 밝게 웃던 모습을 찾기 위해서다.

가끔 허탈한 일이 생길 때면 상대방에 대한 기대치가 높기 때문이라는 것을 알게 된다. 아니 어쩌면 세상과 관계 맺기의 변화와 허실을 발견하는 것인 줄도 모른다. 그 마음의 잣대를 내려놓고 오히려 배려할 때면 스스로 향기를 풍기는 들꽃처럼 후덕한 인상을 가진 사람이 될까.

일반적으로 그 사람이 가진 이미지에 따라 성향을 추측하기도 하고 결정짓기도 한다. 간혹 상황에 따라 실리를 챙겨야 할 자리인데도 묵묵히 양보하게 되는 경우가 있다. 아니 양보를 당한다는 표현이 더 옳을 수 있겠다.

마치 모난 돌은 요긴하게 쓰이고 둥글고 편편한 돌은 방치된다고 한다면 지나친 비약일까. 온화한 인상과 사나운 인상만으로 그 사람의 속내까지 가늠할 수 있을까. 단지 인상이 그 사람을 대변한다는 통념에는 고개를 주억거리게 된다.

언젠가 나의 이미지에 대해 적은 글을 받아 책갈피에 끼워두었다. 가끔 그것을 들춰내어 읽어본다.

'나는 그녀를 물끄러미 쳐다본다.

오래전부터 공식 모임에서 자주 만났으나 개인적으로 대화를 가져본 적이 거의 없다. 솔직히 그녀에 대해서는 별로 아는 게 없다. 하지만 그에게서 받는 이미지가 없는 것은 아니다. 그녀는 40대 중반, 한창 인생의 묘미와 감정이 입체적이고 다원적으로 느껴질 나이다. 그를 보면 동시에 두 가지 이미지가 나에게 온다.

하나는 민들레 홀씨 같은 자유로움과 납으로 된 낚시 부뜰 같은 무거움이다.

장거리 고공을 나르는 비행사에겐 민들레 홀씨가 나르는 게 간혹 눈에 뜨인다고들 한다. 그는 대지의 흐르는 기류를 차고 대륙을 횡단하는 홀씨 같은 한없이 가볍고 자유로운 영혼의 소유자다. 그러면서도 현실에 대한 성실성은 그를 제약하고 있으나 잘 견디어 낸다. 때때고 그게 답답하고 짐스럽게 느껴지기도 하지만 길들여졌다고 할까. 그게 주위 사람들의 인정으로 신뢰를 받기도 하지만 버거움을 얻기도 한다. 그간의 순치로 하여 이어진다고 할까. 그럼에도 그녀에게는 때때로 경쾌함의 빛이 숲 속의 등불처럼 바람이 일렁일 때마다 비쳐진다. 아직 젊어서일까.

경쾌하고 달콤하고 애잔하다. 바로 베토벤의 미뉴에트 G장조의 리듬이다. 미뉴에트는 프랑스나 유럽의 농촌에서 즐겁게 춤추는 음악에서 연유됐다고 했던가. 단아하고 경쾌함의 기저에는 문인이 갖는 독서와 사색이 깔려 있음은 물론이다.' (…중략…)

살아가면서 선뜻 말을 하지 못하고 심연에 묻어둔 감정

들은 온전한 내 것이라고 여겼다. 그러나 나를 감싸고 있던 감각과 지각, 하물며 사고까지 스스럼없이 표현해서일까. 타인으로 인해 결정되는 이미지는 현실을 반영한 또 다른 내 모습인 것이다.

새삼스럽게 어떻게 살아가야 할지 고민된다. 내면에 깔린 소유욕과 집착을 떨쳐내고 얼룩진 마음을 닦고 또 닦으면 밝은 표정이 자연스럽게 나타날까.

아들 녀석이 언제 또 나의 표정을 그려낼지 모를 일이다. 이제는 불쑥 내미는 그 어떤 스케치에도 이전의 것과는 다른 느낌으로 그 녀석의 가슴에 가 닿고 싶다. 마주 보면 괜히 기분이 좋아지는 그런 표정을 갖고 싶다. 그러기 위해서는 날마다 기쁘게 살아야 할 것 같다.

민달팽이가 지나간 자리에는 온 몸으로 끌고 간 흔적이 남아 있건만, 거울 속에 환한 표정 짓던 너는 언제쯤 돌아와 있을까.

생일 단상

새벽부터 부엌을 오가며 부산을 떤다. 많은 종류의 음식은 아니지만 생일 때 의례적으로 하는 음식 몇 가지 부지런히 장만한다. 매번 힘들게 차리지 말고 나를 위한 자유로운 시간을 가지기로 다짐 해 보지만 마음대로 안 된다. 완성되는 요리에 만족도 있지만 나를 향한 기도 상에 차려야 할 음식이기 때문이다.

오래전부터 가족의 생일이 오면 정성껏 음식을 차려놓고 건강과 무사태평을 기원하는 기도를 해 왔다. 그렇게 비손을 하고나면 궂은일은 피해가고 좋은 일만 생길 것 같은 예감이 드는 것이다. 비록 자기 최면에 불과한 것이지만 그대로 이어가고 있다. 게다가 생일에 잘 먹어야 평생 먹을 복이 생기고, 시집을 가서도 알아서 챙겨 먹어야 한다는 생전의 어머니 당부를 지켜내려는 것이다. 그래서 인지 식복은 꽤 있는 편이다. 끼니를 걸러 주린 배를 움켜쥐는 고통은 여태껏 모르고 살았으니 이만하면 생일을 잘 차려먹은 덕분이 아닌가 싶다.

출산 때 먹는 미역국을 사람들이 죽는 날까지 챙기는 것은 어머니가 날 낳으시고 미역국을 드셨던 그 기억을 떠올리며 먹는 거라고 했다. 세상에서 제일 맛있는 음식을 꼽으라면 나는 서슴없이 미역국을 말한다. 가없는 어머니의 사랑을 대변해 줄 그 이상의 것은 없다고 보기 때문이다. 생일 때면 눈 뜨자마자 전화를 걸어 태어나게 해주셔서 감사하다는 인사를 한 번도 빠트린 적이 없었는데 이제는 그 인사마저 할 수 없으니 안타깝다.

지병으로 일찍 돌아가신 아버지의 빈자리를 채우기 위해 어머니는 모진 고생을 하셨다. 남들에게 기죽지 않게 엄한 교육으로 다스렸고, 수시로 전주 이李 가이며 왕족인 효령대군 27대 손임을 일깨워 자긍심을 갖게 했다. 그때는 그 사실만으로도 우쭐했다. 그래서 인지 아무리 힘겨워도 사남매의 생일상은 반드시 차려주었다. 자신의 존재감을 확연하게 일깨워주는 방편으로. 아마도 어머니 자신과의 약속이었던가 보다.

문득 어머니가 그리워 질 때면 미역국 한 솥을 끓인다. 꾸역꾸역 삼킨 것들이 고아라는 서글픔으로 복받쳐 오면 황량한 바람이 이는 가슴을 마구 쓸어내렸다. 지금까지 한 해도 거르지 않고 생일을 챙기는 까닭은 가물거리는 추억을 붙들고 싶어서다.

생일 기도를 마치고 나오자 만 원권 석장을 남편이 내민다. 엊저녁 잠시 부모님 부름을 받고 시골집에 갔단다. 며느리 넷이지만 큰며느리 생일은 꼭 기억하고 있다며 시어머님이 축하 금으로 주신 거란다. 가슴이 뭉클했다.

시집와서 맞는 첫 생일 때 메리야스 하나 사 입으라며 건넨 돈은 단 돈 이천 원이었다. 참으로 황당했다. 월급을 봉투째 부모님께 드리는 남편의 태도보다 며느리 사정을 헤아려주지 않는 시어머님이 더 야속했다. 아무리 시집살이에 바깥출입이 흔치 않다 해도 작은 기쁨 하나 쯤 있었으면 했다. 그러나 어쩔 수 없는 일이었다. 그 돈이면 굵직한 명태 다섯 마리로 식탁이 풍성해 진다는 것을 알기 때문이다. 딴에는 배려를 한 것이었다.

이천 원의 기억이 어제 일 같건만 어느새 삼십년이 지나 삼만 원이 되었다. 그동안 잊지 않고 챙겨주던 축하금은 큰일에 힘 실어 주는 몇 백 만원 보다 더 소중하고 감격스러운 것임을 안다. 팔순 노모가 평생을 잊지 않고 베풀어 주는 큰사랑을 어디에 비할 수 있으랴.

출근을 서둘러 잠시 시부모님을 뵈러 갔다. 들녘의 선선한 바람이 좋아 아침 산책에 나섰는지 사립문이 열려있다.

대청마루 그늘진 곳에 음식 보자기를 밀어 놓고 바쁜 걸음으로 나왔다. 산책에서 돌아오면 매듭진 보자기를 풀며 천진한 아이 같은 미소를 지으실 게다. 그 순박한 미소는 어머니를 그리워하는 가슴을 훈훈하게 채워줄 게다. 진정한 행복은 정성껏 만든 음식을 부모님과 마주하며 먹는 즐거움에서 비롯되는 것일 터이다. 이제 퇴근 후 온가족 모여앉아 케이크에 촛불 밝히는 일만 남았다.

시집 간 딸아이한테서 축하전화가 왔다. 서둘러 내 어머니가 그랬듯이 자신을 사랑하라고 이른다. 생일을 맞으면 스스로 축하할 줄 알고 나눔을 통하여 더 큰 사랑을 품어라. 그런 마음가짐이 바탕이 되어야 행복이 따른다고…. 딸아이를 향해 하는 말이었지만 결국은 나를 겨냥한 다짐이다.

이렇게 축하 받는 날, 어머니가 살아계신다면 얼마나 좋을까. 그러면

"어머니, 저 태어나게 해주셔서 고맙습니다."라고 말 할 텐데.

단감을 따며

새벽 4시다.

창밖에 질펀하게 깔려있는 어둠은 서둘러 7시에 나서야 하는 내게 위협조로 버텨있다. 출근과 등교 준비에 걱정이 앞서자 자리에서 퉁기듯 일어섰다. 부엌의 냉기 속으로 성큼 들어서던 나는 그만 '쿡' 새어 나오는 코웃음에 기분이 가벼워졌다.

단감을 따러 간다.

아마 보름간의 작업일 것 같다. 감을 딴다는 설렘은 흥분을 일으키면서도 두려움과 조바심을 갖게 한다. 결코 낭만이 전부 일 수 없는 힘든 작업이 예상되지만, 실제 체험을 하고 싶었다. 언제나 내게 부여하는 어떤 일이라도 충분히 해낼 수 있을 것 같은 자신감이 있었다.

기회가 왔다. 매년 부녀회에서 일손도 돕고 적은 금액이나마 가계비에 보탬이 되는 일로 단감 따는 일이며 고구마 캐기, 무 뽑는 일이 추진되어 왔다. 그때마다 집안에 행사가 있어 포기 했는데 이번엔 시기가 맞아 들었다.

무엇보다도 단감을 직접 따는 행복감도 있겠지만 아삭아삭한 단감까지 맛볼 수 있다면 금상첨화가 아닐까 싶었다. 저녁 여덟시 경 귀가할 예정이라 아이들과의 빈 공간을 어떻게 채워야 할지 망설였다. 식탁 위에 여러 가지 간식을 마련해 두고 밖으로 나서니 찬바람이 휑하다. 마치 오랫동안 집을 비워둬야만 하는, 먼 여행을 떠나는 사람처럼 마음이 착잡하다. 지독히도 내 삶의 굴레에 매여 있었는지 회한이 일면서 직장 가진 주부들의 심정이 십분 이해가 된다.

30m 전방에 12인승 봉고차가 눈에 띈다. 동승한 자들끼리 벌써 웃음꽃을 피운다. 혼잡한 국도를 벗어나기까지는 30여 분 걸렸다. 고속도로에 진입할 땐 모두 시원하게 질주하는 쾌감에 느긋해했다. 난 습관처럼 펜과 메모지를 꺼냈다. 무심하지 않은 감정의 끈을 잡고 순간의 느낌을 적었다. 그러다 멈칫, 다시 그것들을 가방 속에 넣었다.

마주보며 담소를 나누어도 며칠 동안은 어색할 텐데 혼자만 다른 행동을 하면 불편할 것 같았다. 사람 마음은 상대적이라 그들 역시도 서먹함을 어떻게 떨쳐낼까 염려하고 있을 터이다. 쉽게 친숙해지기 위해선 함께 눈빛 교환하며 대화 하는 일이 우선이었다.

'함안' 이라고 적혀있는 푯말이 스치듯 지나자 한 치 앞도 볼 수 없을 만큼의 안개에 갇혔다. 이럴 때 성큼 다가서는 기우심이 있다. 집에서 나설 때의 그 허전함이 괜한 상상으로 꼬리를 물고 심기를 불안하게 한다. 괜히 고생을 사서 하지 말라는 남편의 말이 들리면서 아이들 걱정까지 한꺼번에 몰려온다.

10여 분이 경과되었을까. 눈앞에 쏟아지는 아침 햇살이 그렇게 반가울 수가 없었다. 지옥 같은 안개 지역에서 벗어나 들판을 끼고 군북 오곡리란 부락으로 들어섰을 때 온산이 주홍색으로 물들어있다. 이제 막 솟아오르는 태양을 한 몸에 받아 오묘한 자태에서 풍기는 주홍빛 실체는 지난 계절 햇살과 바람으로 단단하게 속살을 채워온 단감이었다.

봉고차에서 내려 좀 더 가까이 가기 위해 걸음을 재촉하니 질퍽한 황토가 흰 운동화에 꽃물처럼 들었다. 지형과 토양, 기후조건이 가장 적절한 까닭에 이토록 풍성한 결실을 맺었다는 주인의 말에 감동했다. 작업에 들어가기도 전에 넓은 감잎 속에서 내밀한 밀어를 속삭이는 주홍빛에 넋을 잃었다.

창고 겸 작업 시설물이 있는 야트막한 능선으로 올랐다. 망태며 긴 장대, 전지가위 등의 도구들을 챙겨 삼삼오오 짝을 지어 작업에 들어갔다. 탐스럽게 영근 과실에 손이 떨렸지만 그럴수록 조심스럽게 꼭지를 자르며 망태에 살며시 담았다.

'싹둑 싹둑' 경쾌하다 못해 오싹하기까지 한 단감 따기는 여태 느껴보지 못한 전율을 느끼게 했다. 한 알씩 소담하게 쌓여갈 때의 풍족감은 이루 말할 수 없었다.

그들은 하늘과 구름, 자유로운 바람의 노래를 들으며 생장의 아픔과 눈물을 잊고 마침내 주홍으로 익었나보다. 그래서 보는 이의 마음마저 순수하게 물들이나 보다.

손닿는 곳까지 다 따낸 후엔 감나무에 올라가야 한다. 중년의 내 짝은 올라가기를 꺼렸다. 한 살이라도 적은 내가 오르는 게 도리라 생각하고는 가볍게 올라섰다. 그동안 새벽 조깅을 한 덕에 몸이 가뿐하니 이런 것을 두고 일석이조라 했지 싶다. 몸이 가벼우니 일도 흥겹다. 나무를 타고 한 망태 가득 따주면 짝은 받아내려 대충 선별하여 상자에 담는다.

감나무 버팀목에 발을 딛고 사방을 둘러보니 세상이 내 것 인양 통쾌하다. 유년시절 사진이라도 찍을라치면 유난히 나무에 올라가 폼을 재고하던 싱거운 일이 떠오른다.

내 키의 두 세배나 되는 거목에 올라서니 가지도 튼실하여 작업하기가 순조롭다. 오히려 위로 뻗은 긴 가지에 몸을 기댄 채 감을 따니 한결 편안한 것 같다. 다른 팀들은 교대로 나무에 올라선다. 처음엔 감나무에 오르는 일이 멋스럽고 스릴 있어 좋았는데 한 두 시간이 지나자 온몸에 저릿한 고통이 따른다.

나무마다 맨 끝가지에는 엄청난 크기의 단감이 달려 있다. 무리인줄 알면서도 조심스럽게 여린 가지를 밟고 기어이 따내려다 그만 가지가 '뚝' 부러졌다. '아차' 하는 순간 몸이 곤두박질 쳤다. 땅으로 쏠렸다. 다행히 찰과상 정도였지만 뒷목이 뻐근하고 속이 메스꺼웠다. 멀미하듯 정신이 몽롱했다. 그때였다.

"중참 드시고 하이소."

굵직한 목소리가 산중을 휘돌아 왔다. 그러고 보니 속도 허했나 보다. 모두 둘러앉아 단감의 껍질을 대충 벗기고 속살을 한입 깨물자 단물이 입 안 가득 고였다. 신선도가 높은 탓인지 맛이 일품이다. 단감이 가득 찬 망태가 나무그림자를 덮는다. 깊은 산중이라 멧돼지의 출연으로 파지가 된 것과 반 홍시와 작업 중 떨어진 것을 수북이 담아 내놓았다.

오붓한 시간이 지나고 서정이 흠씬 배어 나오는 산 중턱의 감나무 위에 올라앉으니 어느새 서산에 낙조가 드리운다. 한가로운 빈 들판과 이따금 들리는 황소울음과 덩달아 툴툴거리는 경운기 소리가 정겹다.

옛날 강아지풀 뜯어 손바닥에 올려놓고 "요요요~"하면 앞뒤로 움직이는 신기함에 얼마나 깔깔거렸던가. 클로버

풀꽃반지 끼고 창공의 꽃구름 보며, 하늘만큼이나 원대한 꿈을 가슴에 안고 낭만에 젖던 즐거움이 우리 모두의 고향 언덕에서 있었던 일이건만, 이제 그런 정서를 만끽할 여유가 없는 것 같아 아쉽다.

낙조의 빛을 함초롬히 담고 튼실하게 영근 결실을 보노라니 내 이웃이 겪은 인고의 세월 같아서 자못 숙연해진다. 빈 들판을 돌아 온몸에 감겨드는 바람을 반기며, 고향의 모습과 빛깔, 향취가 스며있는 단감을 소중히 내 가슴께로 따내린다.

연하장

용의 꿈틀거림이 이와 같을까. 연하장의 비룡승운飛龍乘雲이란 글체가 스멀스멀 몸을 세우며 곧 승천하려는 용의 형상을 하고 있다. 붓 끝에 먹물을 적셔 한 획을 그을 때마다 힘찬 비상의 기운을 심었나보다. 한지에 파다하게 퍼진 기상이 느껴진다. 그 웅숭깊은 곳으로 덤벙 뛰어들면 나도 둥실 떠오를 것 같다.

용이 구름을 타고 하늘을 날듯이 현자賢者가 자신의 재능을 마음껏 발휘한다는 의미의 글이다. 60년 만에 오는 흑룡의 해에 용기와 희망과 비상의 뜻을 담았다. 연하장을 받은 게 몇 년 만인가. 우편함을 채우는 것은 거의 공문이나 고지서, 정기간행물 따위가 아니던가. 그런데 모처럼 후덕한 인품의 향기가 나는 연하장을 받고 보니 감회가 남달랐다.

예총 행사 때 귀한 글을 받고 싶다는 말을 흘렸는데 그분은 마음에 새겨 두고 연하장을 보내 주었다. 겉봉투를 뜯고 한지를 펼치기까지 핑크빛 연서가 아닌데도 마냥 두근거리고 설렜다. 하물며 명성 높은 서예가의 필체가 아닌가. 그분의 기원이 담긴 연하장을 액자 속에 소중히 넣어 거실 한 쪽에 걸었다.

오래 전 12월이 되면 하나 둘 연하장이 왔다. 붉은 태양을 배경으로 힘차게 날갯짓하며 나르는 길조 한 마리에 새로운 각오를 다짐 했고, 눈 덮인 들판위로 떠오르는 연을 보며 평화로운 안식을 원했다. 십이 간지 동물 중 그 해에 해당하는 동물을 보면서 용맹과 지혜, 다복 등의 상징적인 의미들을 가슴에 새겼다. 그런 마음들은 연하장을 통해서라야만 견고히 다져졌다.

그 중에는 깔밋한 디자인으로 금,은박을 입히고 각종재료를 이용해 고급스럽게 만든 것도 있었다. 한 두 번 보고 버리기에는 아까웠다. 건강을 기원하며 보낸 상대의 마음 또한 존귀한 것이어서 서랍 속에 간직하다 보니 몇 백 통이 넘는다. 근 십여 년을 훌쩍 넘어 빛바랜 것들이다.

어떤 해는 현관에서부터 거실 안쪽까지 끈을 달아 날마다 부쳐져오는 연하장을 쭉 걸어두었다. 크기도 제각각이고 모양과 색상도 달라 이채로웠다. 시간이 날 때마다 연하장을 들춰보며 인연의 소중함을 생각하고 보낸 이의 정을 되새기기도 했다. 연하장은 소통의 장이며 끈끈한 정의 타래였다.

간혹 매사에 권태가 찾아들고 삶에 지쳐 허덕거릴 때면 나를 기억해 주는 사람의 절실한 기원을 떠올렸다. 꾹 꾹 눌러 쓴 글씨에서 감사함을 읽어내고 생기와 활력을 되찾았다.

한때 문구점을 들락거리며 특별한 연하장을 찾느라 분주했다. 마땅한 것을 찾으면 결핵 실도 우표 옆에 가지런히 붙이고 아는 이들의 주소도 또박또박 적었다. 열 명 스무 명, 숫자가 증가할수록 인간관계가 원만함을 확인 하듯 흡족해 했다. 받을 때의 기쁨보다 보낸 후의 뿌듯함은 더 컸다. 보낼수록 사랑이 충만했다.

언제부터인지 손으로 작성 하는 게 성가시고 힘들었다. 보내려고 줄기차게 마음만 먹었다. 서둘러 보내지 않으면 시간이 흐른 후엔 머쓱해서 늦은 인사도 하지 못한다. 예의가 아닌데 어쩌나 속으로 웅얼거리다가 결국에는 새해인사를 문자로 대신한다.

내용에 적절한 이모티콘을 곁들이기도 하고 여러가지 기호를 사용하여 마음을 표현해 보지만 썩 마음에 차지 않는다. 받는 이도 달갑지 않을 게다. 손수 정성을 담는 것과 손끝으로 날리는 것과는 엄청난 차이인 것이다.

그나마 스마트폰에서 특이한 디자인의 연하장을 다운 받

으려 애를 쓴다. 얼마나 다양한 편집이 이루어지는지 상상을 초월한다. 가볍게 살짝 터치만 하면 몇 초 이내 상대방에게 고스란히 전달되니 이 얼마나 간편한 인사치레인가.

차츰 편리함에 익숙해질수록 은근한 정마저 잃어간다. 상대를 생각하며 연하장을 고르고 독자적인 내용은 문명이 나은 문자메세지 보다는 가슴 뭉클한 감동을 안겨주는 것임을 안다. 그러나 신속한 것에 길들여지다 보니 천천히 많은 시간을 들이는 게 쉽지 않다.

모처럼 받은 연하장으로 가슴에 불씨가 인다. 거실에 연하장을 길게 걸어두던 그 시절을 다시 불러들이고 싶음이다. 한 장씩 펼쳐보며 풋풋한 정서를 다시 채워보고 싶다. 아트지와 한지를 마련하고 나름의 도안을 한다. 진부한 것이면 어떠랴 진심이 가 닿으면 좋지 않은가. 정성껏 만든 연하장은 곧 누군가의 가슴에 설렘으로 다가가리라.

울지 마 모나리자

드디어 끝났다.

자신의 잠재된 재능을 최대한 발휘하여 꿈을 이루는 노래 오디션 프로그램이.

각국에서 모여든 많은 이들과의 경쟁에서 열두 명이 보여준 진정한 모습은 오랫동안 잊혀 지지 않을 것 같다. 그동안 멀고 힘든 길을 노래의 열정으로 꽃 피운 그들이 있어 참으로 행복했다. 개개인이 지닌 음색과 풍부한 성량을 마음껏 펼친 오디션은 그들 인생에서 가장 값진 경험 이었을 테고 성장의 밑거름이 될 것이다.

그동안 나는 열렬한 시청자가 되어 그들과 함께 했다. 애절한 노래에는 눈시울을 적셨고 경쾌한 노래에는 어깨를 들썩이며 흥겨워했다. 그러면서도 음감의 촉수를 곤두세워 그들을 평가했다. 위대한 탄생 오디션은 최종 우승자를 가려내야만 하기에 스스로 채점 해 볼 참이었다. 하지만 모두가 내 기준의 잣대에서 상위권이다. 파워풀한 춤과 퍼포먼스로 다재다능한 실력을 갖춘 그들은 오디션에만 한정할 것이 아니었다. 여타 소속사에서 그들을 수용하여 맘껏 꿈을 펼칠 수 있도록 도와줘야 한다. 못난이 진주도 저만의 특별한 가치가 있듯이 저들의 잠재적 능력도 스타 못지않을 것이었다.

다행히 장단점을 지적해 주는 멘토들의 말에 동질감을 느낄 때에는 "그럼 그렇지." 라며 무릎을 쳤고, 탈락의 위기에 처한 참가자에겐 재도전의 기회를 간절히 담아 문자로 전송 했다. 탈락자가 울면 같이 울었고, 응원하던 팀이 선택되면 초조했던 가슴을 쓸어내며 기뻐했다. 나도 모르는 사이 감정의 통로를 통해 그들과 한 마음이 되었던가 보다.

무한한 가능성을 일깨워주고 자신의 재능을 맘껏 표출할 수 있도록 혼신을 기울인 멘토와 도전자들의 인연이 부러웠다. 스승과 제자가 아닌 형과 아우 같은 도타운 정에 가슴이 저릿했다. 살면서 저렇듯 아껴주고 챙겨주는 사람을 만난다는 것이 쉬운 일인가. 아마도 저들은 전생에 나라 세우는데 일등공신들이 아니었나 싶다.

오디션이 막바지에 왔을 즈음 '쿡' 하고 웃음이 터졌다. 어쩜 그리 못난 인물들만 남았던지. 작은 키와 비대한 덩치. 처음 시작할 때부터 무표정한 얼굴에 눈썹조차 없어 보여 모나리자라고 별명을 붙여주었던 참가자도 남았다. 경쟁자들 중 몇은 모델 못지않은 훤칠한 키와 잘생긴 얼굴이어서 시각적인 즐거움도 있지 않았던가. 하긴 노래하는데 인물이 무슨 상관이 있겠냐만 볼 때마다 안쓰럽고 웃음이 나오는 것을 어쩌지 못했다.

그 마음으로 시종일관 모나리자를 응원했다. 노래 부를 땐 진지했고 부드러웠고 때로는 강열했다. 한 순간도 실수하지 않으려는 맹렬한 의지를 보여줘 보는 내내 손바닥에 땀이 고였다. 참으로 맑고 고운 음색에 영화 '아바타'의 배경 같은 깊은 산속에서 청정한 공기를 마시는 듯 했다. 혼자만의 감동을 놓치기 아까워 지인에게 문자를 보냈다. 그 역시 관심 깊게 보고 있다며 모나리자를 향한 일편단심의 결의를 다지듯 문자전송에 박차를 가했다. 이제 시청자와 멘토들의 점수 결과만 기다리면 된다. 이왕이면 못생겨서 안쓰러운 모나리자가 우승했으면 하고 바랐다.

노래라면 나도 빠질 수 없을 만큼 좋아한다. 듣는 것도 좋아하지만 아는 노래라면 열창을 해야 속이 풀린다. 좋아한다는 것과 잘한다는 것은 별개의 것이지만 이따금 띄워주는 칭찬에 착각도 한다. 그래서인지 노래자랑 대회에 과감하게 도전했다가 미역국을 먹기도 했지만, 운 좋게 상품권을 획득 한 일도 심심찮게 있었다. 그럴 땐 도전정신이 가상해서 혹은 방청객들의 분위기를 고조시켜줘서 "옛소" 하고 상하나 던져 줬을지도 모른다.

노래를 부르다보면 어느 틈에 실연의 상처를 안은 주인공이 되기도 하고, 도시를 방황하는 이방인이 되기도 한다. 노래 가사가 자신의 감정에 이입되어 목소리에 그대로 실려 나오기 때문일 게다. 사무치게 절절한 노래를 좋아하는 편인데 알게 모르게 삶의 언저리에 그런 슬픈 기운이 몰린다는 말을 듣고는 가급적 경쾌한 노래를 하려고 한다. 하지만, 사랑과 이별이 빠진 노래가 과연 심금을 울릴 수 있을까.

드디어 결과 발표다. 혹시나 하며 마음 졸였던 염려가 적중했다. 이래서 인생은 반전이 있다고 했던가. 그토록 맑은 음색을 찬양하고 응원했던 모나리자가 이등으로 밀렸다. 심사위원과 시청자들이 내린 결정에 시무룩해 졌다. 그들은 나처럼 단순한 감상차원을 넘어선 예리한 통찰력이 있었던 게다.

모나리자를 응원하느라 연변에서 온 작은 거인을 뒷전에 둔 것이 마음에 걸리긴 했지만, 마지막까지 그를 응원한 것을 후회하지 않는다. 몇 개월간의 오디션에 사로잡혀 지내는 동안 지독한 발의 통증을 잊을 수 있었고, 신명이 솟았고, 자유로운 표현욕구가 충족되어 좋았다.

'샹송가사를 3분 동안의 인생소설'이라고 한 프랑스 소설가의 말처럼, 마음이 겪는 기쁨과 슬픔과 애절함을 담아, 온 몸으로 분출하는 것 이상의 강렬한 카타르시스를 느꼈음은 순전히 모나리자와 함께 했음이다.

울지 마 모나리자! 오직 그대가 기억할 것은 셈할 수 없는 열정과, 여기 한 여인의 가슴 속 떨림이리라.

■ 연보

1958년 부산 구포에서 출생

구포초등학교, 성모여중을 거쳐 혜화여고 졸업

ROTC 장교출신인 김호곤과 결혼하여 창원에서

딸 우정, 아들 진태를 낳아 기르며 평소에 열망

하던 문학의 꿈을 키움

한국방송통신대학교 국어국문학과를 졸업

1986년 작품 〈손길〉로 제 1회 MBC 경남여성백일장 장원

1987년 가향문학회 창립회원. 창원문인협회 입회

1991년 작품〈 찡 사냥〉으로 제 2회 경남문학 신인상

경남수필문학회 입회. 가향문학회 산문부장(~92년)

1992년 경남일보 경일춘추 칼럼 집필

1993년 남도일보 칼럼 집필

1994년 성안 백화점 EQ 글 그림, 청소년 문예교실 지도강사

가향문학회 사무국장 (~95)

1995년 경남신문 촉석루, 동남일보 동남춘추 칼럼 집필

1996년 창원문인협회 사무국장

경찰청주최 청소년 글짓기 공모전 심사위원

창원반송 표어&포스터&벽화공모전 심사위원

1997년~98년 가향문학회 부회장

2000년 작품〈 휘어짐의 아름다움〉으로 수필과비평 신인상

목향수필문학회 창립회원
경남문인협회 사무차장
2002년~03년 가향문학회 부회장
창원문인협회 부회장
2004년~05년 가향문학회 회장
2005년~08년 수필과비평작가회의 경남지부장
2007년 창원대학교 음악대학 성악 발표회 작사 작품으로 〈바람꽃〉, 〈머문 자리〉 선정
2008년 수필집 《바람개비의 갈망》 발간
제 2회 경남문학 우수작품집상
2009년~11년 경남수필문학회 사무국장
성산아트홀 문화누리시민기자(~10년)
경남은행주최 가계부 수기공모 수상자 취재 《경남은행 사보》 발표
2012년~13년 경남수필문학회 부회장
2013년 수필과비평작가회의 편집 부주간
평사리 토지문학상 수필부문 심사위원
경남교육청주최 창원도서관 글잔치 공모전 심사위원(~18년)
2014년 경남문화예술진흥기금 수혜
두 번째 수필집 《머문 자리》 출간
천강문학상 수필부문, 창원시문화상 문학부문

심사위원
경남수필문학회 회장(~15년)
경남문인협회 수필분과위원장
목향수필문학회 부회장, 창원문인협회 이사

2015년 제15회 수필과비평 문학상
마산문화축제 문예공모전 심사위원(~18년)
경남수필과비평작가회의 회장

2016년 경남일보 경일춘추 칼럼 집필
창원사랑 스토리텔링 작품 발표
경남신문 신춘문예, 충렬공 박제상 추모 전국 백일장 심사위원
북한이탈주민 수기공모전 심사위원
목향수필문학회 회장 (~17년)
경남수필문학회 감사

2017년 경남문학관 이사

2018년 경남수필과비평작가회의 회장
경남수필문학회 편집위원
창원문인협회 이사
수필선집 《소금호수에 서다》 발간

현대수필가 100인선 II · **76**

이동이 수필선

소금호수에 서다

초판인쇄 | 2018년 12월 26일
초판발행 | 2018년 12월 31일

지은이 | 이 동 이
펴낸이 | 서 정 환
펴낸곳 | 수필과비평사 · 좋은수필사

주 소 | 서울시 종로구 삼일대로 32길 36.
(익선동 30-6)운현신화타워 305호
전 화 | 02)3675-5635, 063)275-4000
등 록 | 제 300-2013-133호
홈페이지 | http://www.shinapub.com
e-mail | essay321@hanmail.net

값 8,000원

ISBN 979-11-5933-200-5 04810
ISBN 979-11-85796-15-4 (세트) 04810

이 도서의 국립중앙도서관 출판시도서목록(CIP)은 서지정보유통지원시스템 홈페이지(http://seoji.nl.go.kr)와 국가자료공동목록시스템(http://www.nl.go.kr/kolisnet)에서 이용하실 수 있습니다.(CIP제어번호: CIP2018042723)